KATAPULT

Magazin für ~~AfD~~, Menschenwürde, Demokratie und Völkerrecht

Immerhin haben wir jetzt so viele Ausländer im Land, dass sich ein Holocaust mal wieder lohnen würde

Abschiebung der Antifa nach Buchenwald. Arbeit statt Linksterror

Wir werden Ausländer in ihre Heimat zurückführen.
Millionenfach. Das ist kein Geheimplan. Das ist ein Versprechen

Ihre Bescheidenheit, nur diese eine Person entsorgen zu wollen, erscheint mir hier ausnahmsweise unangebracht

Ich würde niemanden verurteilen, der ein Asylantenheim anzündet!

Solche Menschen müssen wir selbstverständlich entsorgen

Das Pack erschießen oder zurück nach Afrika prügeln

Wenn wir kommen, dann wird aufgeräumt, dann wird ausgemistet

Ich will auf Leichen pissen und auf Gräbern tanzen

Ich wünsche mir so sehr einen Bürgerkrieg und Millionen Tote

Auf der Stelle erschießen, dann wird sich das ganz schnell legen

Das große Problem ist, dass man Hitler als das absolut Böse darstellt

Wir müssen die zwei Ms der Machtbasis dieser Struktur angreifen und schwächen. Das erste M sind die Medien. Sie sind nicht unsere Freunde. Die Printmedien werden gerade vom Markt abgestraft, daran müssen wir auch vom Vorstand aus weiter arbeiten. Das zweite M ist der öffentlich-rechtliche, rot-grüne Propaganda-Apparat. Hier wird es ein wesentliches strategisches Ziel sein, mit dem ersten Ministerpräsidenten in einem Bundesland – und ich habe da Sachsen im Auge – den Rundfunkstaatsvertrag zu kündigen

Das Kreuz der AfD

KATAPULT-MAGAZIN
Katapult-Magazin gGmbH,
Wilhelm-Holtz-Straße 9, 17489 Greifswald

REDAKTION & GRAFIK
Jonathan Dehn, Stefanie Malleier, Cornelia Schimek, Travis Sauer, Ella Daum, Anna Hansen, Alexander Fürniß

LEKTORAT
Philipp Bauer

LAYOUT
Tim Ehlers, Burak Başkaya, Benjamin Fredrich, Aaron Troebs

ABOSERVICE
+49 176 56 99 89 44 (Mo-Fr 9-16 Uhr),
abo@katapult-magazin.de

AUFLAGE
100.000

HERAUSGEBER
Benjamin Fredrich, verantwortlich gemäß §18 Abs. 2 MStV

ISBN 978-3-68972-003-2
ISSN 2509-3053

DRUCK
Westermann DRUCK | pva

VERTRIEB
IPS Pressevertrieb GmbH

PRAKTIKER
Nataliia Dziuba, Lutz Fredrich, Andreas Portugal, Sergey Shykolai, Iris Fredrich

ORGATEAM
Mike Kurth, Diana Kasten

PROGRAMMIERUNG & IT
Jan Erikson, Dirk Reske, Ole Bohm

KATAPULT MV
Philipp Bauer, Louise Blöß, Charlene Krüger, Patrick Hinz, Martje Rust, Lilly Biedermann, Victoria Flägel

KATAPULT-BUCHVERLAG
Sebastian Wolter, Felix Lange, Kristin Gora, Leo Walther, Mara Sprengel

GEOPOLITIK-MAGAZIN PULTU
Fabian Sommavilla, Mascha Shykolai, Travis Sauer, Ole Bohm

KATAPULT-BUCHHANDLUNG
Fürstenstraße 19, 09130 Chemnitz-Sonnenberg

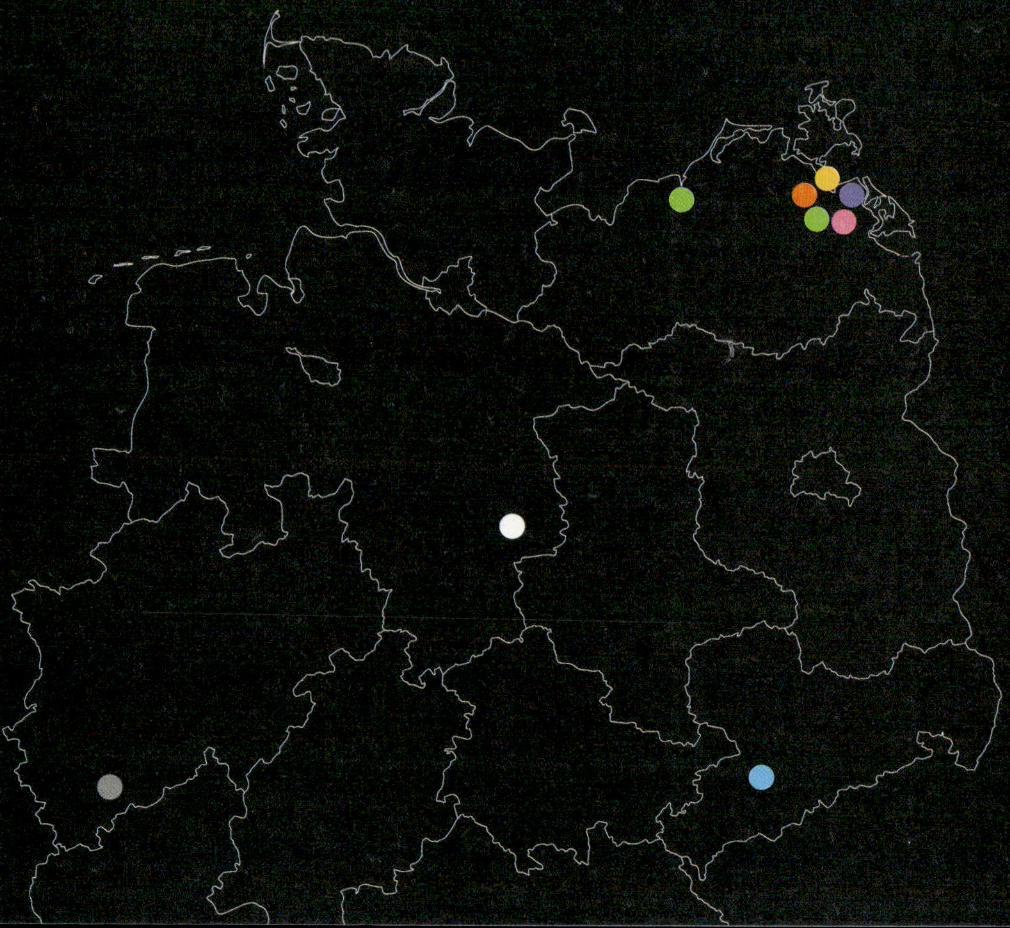

Diese Ausgabe erscheint einen Monat früher, damit ihr noch vor der Bundestagswahl lesen könnt. Die folgende Ausgabe 38 erscheint dann wieder regulär im Juni.

Mühe beim Pfuschen

„Das Leben eines Maulwurfshügels!", wiederholt Tim immer wieder. „Das Leben eines Maulwurfshügels!" schlägt er als neuen Buchtitel vor und betont, wie genial das wäre. Verlegt von KATAPULT. Aber Conni will lieber ein Buch über das „Nuscheltier". Ich finde beides gut, aber unsere Ideenrunde ist sich uneinig. Steffi ruft dazwischen: „Ich hab n großen Plan, da kommen Schafe eventuell vor!" Na genial, denke ich, das werden ja alles Bestseller!

Diese KATAPULT-Ideenrunde ist ganz lustig, aber Tim ist irgendwie sauer. Er ist so sauer, dass er sich jetzt erst mal einen Döner holt. Wir haben zu lange über ihn gelacht. Jemand hatte bei Ikea in ein Aussteller-Klo gemacht (groß!) und Tim hatte wohl als Erster den Klodeckel geöffnet und die nette Überraschung entdeckt. Ihm wurde schlecht, weil direkt davor Köttbullar gegessen ... Na ja, ich breche die Geschichte hier mal ab, auf jeden Fall will er daraus keine Buchstory machen und wir haben zu lange gelacht. Nun erst mal Döner.

Ella meint, man müsste mal ein Buch über Idioten (sie meint mich) machen, die NICHT ORDENTLICH KOMMUNIZIEREN KÖNNEN! „Was man kann, ist egal, wichtig ist, was man will!", zitiere ich Sven Regener falsch. Ella überzeugt das nicht und bleibt vergnatzt. Denn sie hatte mir eine liebe Nachricht zu Weihnachten geschickt, ich aber hatte den Chat danach aus Versehen oder aus Faulheit als Einkaufsliste genutzt und ihr auf die lieben Weihnachtsgrüße zunächst geantwortet: Eier, Bananen, Honig.

Als Tim zurückkommt, sagt Ella: „Scheiße drauf, lass weitermachen." Das ist echt stark, denke ich, wie sie dieses „e" dem Sprichwort hinzugefügt hat, um die Diskussion mit mir abzubrechen, und gleichzeitig die Ikea-Klo-Story von Tim in einem Zug abmoderiert, aber ich bin mir nicht mal sicher, ob sie das mit Absicht gemacht hat. „Der arabische Delfin", schreit jemand in den Raum.

„Der flotte Delfin."
„Der flotte Teppich."
„Tiere im Gleis." – „Gibts schon!", schreit jemand.

Wir sind im Optioniversum. Steffi bleibt überzeugt, dass Schafe elementar für einen großen Erfolg im Buchhandel sind. „Das interessiert die Leute doch!" Tim isst seinen Döner und fragt, wie es ihm geht. „Das musst du doch selbst wissen", sag ich. Tim verneint. „Okay, dann geht es dir gut und du bist nicht mehr sauer!", versuche ich zu entscheiden! „Abgemacht", sagt Tim.

Ich hab es ja schon oft gesagt, der Typ ist unergründlich. Da steigt niemand hinter. Jetzt, wo Tim wieder gut drauf ist, wird er richtig warm: „Man muss sich schon n bisschen Mühe geben beim Pfuschen", will er uns kritisieren und ich denke, das ist ein starker Buchtitel! „Das war gar kein Buchvorschlag", sagt Tim. „Das ist jetzt ein Buch", sag ich, „alles ist ein Buch!" „KRANK bist du!", erwidert Tim und alle nicken.

Was ich hier eigentlich schreiben wollte: Unser Buchverleger Sebastian Wolter, der nicht Walter genannt werden will, hat diese Ideen sowieso alle abgelehnt. Wir müssen zuerst die wichtigen Bücher machen, sagt er. Er ist ein stahlharter Entscheider. Dem kommen keine Delfin-Maulwurf-Pfusch-Bücher in den Beutel. Da kann man nichts machen und deshalb produzieren wir im Frühling diese drei Bücher selbst:

- *100 Jahre KATAPULT* (beste Karten aus 100 Jahren!)
- *Wie Kriege enden* (200 Jahre Krieg und Frieden)
- *Rechtsextremismus bekämpfen: was sagt die Wissenschaft?*

Die letzte Buchidee ist entstanden, als wir im Januar hart kritisiert wurden, weil die Wirkung des Veröffentlichens von AfD-Hass auf die Bevölkerung unklar ist. Wir haben daraufhin Studien gesichtet und Leute aus Wissenschaft, Aktivismus und Journalismus kontaktiert. Was hilft wirklich gegen Rechtsextremismus? Wir fanden heraus: Eine weltweite Studienübersicht über diese wichtige Frage gibt es offenbar noch nicht und ich liebe es so sehr, dass wir nun bei KATAPULT von heute auf morgen die Pläne ändern und Relevantes zuerst machen. Los gehts!

BENJAMIN FREDRICH
HERAUSGEBER

FRAGMENTE

PAZIFISMUS

Gandhi hat Gewalt nie gänzlich ausgeschlossen

Kaum jemand steht so für Gewaltlosigkeit wie der indische Freiheitskämpfer Mahatma Gandhi (1869-1948). Unter seiner Führung kam es zu Demonstrationen, bei denen sich Hunderte Menschen von Polizisten mit stahlbewehrten Schlagstöcken niederknüppeln ließen – ohne dass auch nur ein einziger Aufständischer den Arm gehoben haben soll, um die Schläge abzuwehren. Was oft weniger bekannt ist: Gandhi hat Gewalt nie komplett ausgeschlossen. Denn Gewaltlosigkeit ist nicht die Grundlage seiner Philosophie, sondern lediglich das Mittel. Ihm ging es darum, Unrecht anzugreifen, wo immer man es vorfindet. Dabei sei die Gewaltlosigkeit der Gewalt unendlich überlegen. Doch wenn es nur die Wahl gebe zwischen Gewaltanwendung und „Feigheit" – im Sinne von unterlassenem Widerstand –, so würde er wahrscheinlich Gewalt empfehlen, wie er sagte.

BEGRIFFSHERKUNFT

Türkischer Kaffee ist nicht türkisch

Manchmal hört man heute noch die Frage: „Trinkst du deinen Kaffee türkisch?" Meist sind die Fragesteller schon etwas älter, etwa aus der Babyboomer-Generation. Gemeint ist mit türkischem Kaffee aber nicht die Herkunft des Kaffees, sondern die Zubereitungsart. In ihrer einfachsten Form wird dabei das heiße Wasser direkt auf das in der Tasse befindliche Kaffeepulver gegossen. Und nachdem sich das Pulver abgesetzt hat, wird der Kaffee getrunken.

Trotz der Bezeichnung ist das keine türkische Art des Kaffeegenusses. Weil die traditionelle türkische Zubereitung aber ähnlich ist, hat sich der Begriff hierzulande für ungefilterten Kaffee durchgesetzt. Bei traditionell aufgebrühtem türkischen Kaffee wird Kaffeepulver in einer kleinen Kupfer- oder Messingkanne, der Cezve, mit Wasser und oft Zucker vermischt. Die Mischung wird bis zum Aufkochen erhitzt und anschließend ungefiltert in kleine Tassen gegossen.

ATOMKRAFT

AfD will Wiedereinstieg, AKW-Betreiber nicht

AfD-Kanzlerkandidatin Alice Weidel will in den ersten 100 Tagen ihrer Regierung die Kernkraft wieder einführen. Auch CDU und CSU fordern das. Und was sagen die Betreiber der drei zuletzt abgeschalteten Atomkraftwerke dazu?

„Für uns gibt es kein Zurück mehr", so Guido Knott, Vorstandsvorsitzender der Eon-Tochter Preussenelektra. RWE-Chef Markus Krebber sieht es ähnlich: „Die Zeit für die drei Kraftwerke, die für sechs Prozent der deutschen Stromproduktion standen, ist abgelaufen." Und auch EnBW-Kernkraftchef Jörg Michels sagte kürzlich zu einem Wiedereinstieg: „Wir glauben nicht, dass der Neubau von Kernkraftwerken in Deutschland eine Lösung der Fragen zu heutigen Problemstellungen der Energieversorgung wäre." Zudem würde ein Neubau mindestens zehn Jahre dauern. Eine Wiederinbetriebnahme der bereits stillgelegten Kernkraftwerke hält er für technisch ausgeschlossen.

Atomkraftwerke in Deutschland

(Betriebszeiten)

STUDIENBRETT

ARBEIT UND AFD

Wer bei der Arbeit wenig mitbestimmen kann und sich schlecht behandelt fühlt, wählt eher AfD. Laut einer Studie der Friedrich-Ebert-Stiftung aus dem vergangenen Jahr wählen Menschen, die wenig Mitspracherecht haben oder am Arbeitsplatz schlecht behandelt werden, häufiger die AfD – die Wahrscheinlichkeit steigt um sieben Prozentpunkte. Auch die Angst vor sozialem Abstieg begünstigt diese Wahl. Das Gefühl, am Arbeitsplatz abgewertet zu werden, treibt viele dazu, ihren Frust durch Protestwahl auszudrücken, was mit schlechten Arbeitsbedingungen und geringem Arbeitsstolz zusammenhängt. Dies deckt sich mit anderen Studien, die zeigen, dass schlechte Arbeitsbedingungen und geringer Stolz auf die eigene Arbeit häufig mit der Wahl der AfD zusammenhängen.

MEHR FREUNDLICHKEIT, MEHR KÖRPERLICHE ATTRAKTIVITÄT

Eine von Natalia Kononov und Danit Ein-Gar von der Universität Tel Aviv durchgeführte Studie ergab, dass Personen, die prosoziale Eigenschaften wie Freundlichkeit zeigen, als körperlich attraktiver wahrgenommen werden. Die Studie, an der mehr als 4.000 Personen teilnahmen, kam zu dem Schluss, dass freundliche Menschen um zehn Prozent attraktiver sind als solche, die lediglich humorvoll sind.

ABSTAND UND WAHLVERHALTEN

Wissenschaftler nutzen Geotracking von Millionen von Smartphones, um Zusammenhänge zwischen politischer Orientierung und Verhalten während der Pandemie zu untersuchen. Eine Studie zeigte beispielsweise, dass in Bezirken mit republikanischer Mehrheit in den USA die Menschen zwischen März und Mai 2020 14 Prozent weniger Abstand hielten als in Bezirken mit demokratischer Mehrheit.

Quelle: Schwuchow, Torben: Eine Frage von Demütigung und Respekt? Kämpfe um Würde in der Arbeit und ihre politischen Implikationen, Friedrich-Ebert-Stiftung, Berlin 2024.

Kononov, Nataliau; Ein-Gar, Danit: Prosocial behaviour enhances evaluation of physical beauty, in: British Journal of Social Psychology, 2024.

Gollwitzer, Anton u.a.: Partisan differences in physical distancing are linked to health outcomes during the COVID-19 pandemic, in: Nature Human Behaviour (4) 2020, S. 1186-1197.

SOZIALE MEDIEN FÖRDERN ÄNGSTE UND DEPRESSIONEN

Eine 2024 veröffentlichte Studie der Universität Oxford hat einen starken Zusammenhang zwischen der Nutzung sozialer Medien und einem erhöhten Maß an Angstzuständen und Depressionen bei Jugendlichen festgestellt. An der Studie, die eine der größten ihrer Art ist, nahmen über 7.000 Personen im Alter von 11 bis 18 Jahren teil. Die Ergebnisse zeigten, dass 60 Prozent der Jugendlichen zwischen 16 und 18 Jahren täglich zwei bis vier Stunden mit sozialen Medien verbringen, einige sogar bis zu acht Stunden. Mädchen berichteten häufiger über Probleme mit der psychischen Gesundheit als Jungen, wobei die am häufigsten genutzten Plattformen Instagram, Snapchat, Tiktok, Whatsapp und Youtube waren. Die Studie legt nahe, dass mehr Schlaf und körperliche Bewegung zur Verbesserung der psychischen Gesundheit beitragen könnten.

KANN KI LUSTIG SEIN?

In einer im Juli 2024 veröffentlichten Studie wurde untersucht, ob KI, insbesondere ChatGPT, einen dem Menschen vergleichbaren Humor entwickeln kann. Ergebnis: die Witze von ChatGPT werden oft als genauso lustig, wenn nicht sogar lustiger, als die von Menschen empfunden. Die Antworten von ChatGPT 4.0 lösten jedoch gemischte Reaktionen aus, was darauf hindeutet, dass der KI-Humor noch verbesserungswürdig ist.

TIKTOK MAG AFD

Laut dem Potsdamer *Social Media Monitor* erscheinen AfD-Videos auf Tiktok deutlich häufiger in den Feeds als Inhalte anderer Parteien, obwohl die AfD ähnlich viele Videos postet. Im Schnitt sehen die Nutzer sieben AfD-Videos pro Woche, aber nur eines von anderen Parteien. Besonders politikferne Nutzer werden so erreicht. Der Tiktok-Algorithmus scheint aktiv zu beeinflussen, welche Inhalte Nutzer sehen, und verstärkt die politische Spaltung, so die Forscher.

Wolfgram, Johannes; Philipp, Aaron: Die Tiktok-Präsenz der Parteien im sächsischen Landtagswahlkampf, in: Kriess, Johannes; Wetzel, Gideon (Hg.): Digital Report 2024-3 des Else-Frenkel-Brunswik-Instituts.

Gorenz, Drew; Schwarz, Norbert: How funny is ChatGPT? A comparison of human- and A.I.-produced jokes, PLOS ONE 19(7), e0305364, 2024.

brainwaveshub.org.

STUDIENBRETT

AUTORITÄRE EINSTELLUNGEN SIND KEIN AUSSCHLIESSLICH OSTDEUTSCHES PHÄNOMEN

Die Studie untersuchte, ob Unterschiede zwischen Ost- und Westdeutschland zu autoritären Einstellungen führen können. Die Befragung von über 2.500 Personen ergab: Die tatsächliche Einkommenssituation ist weniger wichtig als die Wahrnehmung, dass es Deutschland wirtschaftlich schlecht geht. Solche Abstiegsängste fördern den Wunsch nach starker Führung und autoritären Einstellungen, insbesondere in wohlhabenderen Regionen. Autoritäre Einstellungen sind kein reines Ostproblem, aber die Bedingungen, die sie begünstigen, sind in Ostdeutschland häufiger anzutreffen. Entscheidend ist, wie die Menschen die Situation wahrnehmen.

Quelle: Dilling, Marius u.a.: Putting authoritarianism in context. A multilevel analysis of regional effects on individual expressions of right-wing authoritarianism, conspiracy mentality, and superstition, in: Heller, Ayline; Schmidt, Peter (Hg.): Thirty Years After the Berlin Wall. German Unification and Transformation Research, London 2024, S. 179-202.

WENN ETABLIERTE PARTEIEN DIE KERNTHEMEN DER RADIKALEN RECHTEN KOPIEREN, SCHMÄLERT DIES NICHT DEREN ERFOLG

Die Politikwissenschaftler Werner Krause, Denis Cohen und Tarik Abou-Chadi finden keine empirischen Belege dafür, dass eine solche Strategie die Unterstützung für die radikale Rechte verringert. Ihre Ergebnisse deuten eher darauf hin, dass dadurch mehr Wähler zur radikalen Rechten abwandern.

Krause, Werner; Cohen, Denis; Abou-Chadi, Tarik: Does accommodation work? Mainstream party strategies and the success of radical right parties, in: Political Science Research and Methods 11(1), 2023, S. 172-179.

ZEITUNGEN STERBEN LEISE

1992 hatten 134 Landkreise in Deutschland nur eine Lokalzeitung, 2023 sind es 187 – fast die Hälfte aller Kreise und kreisfreien Städte. Besonders betroffen vom Zeitungssterben sind ländliche Regionen in Westdeutschland. Die Studie *Wüstenradar* der Hamburg Media School empfiehlt Subventionen, Steuererleichterungen und Medienförderung. Die gute Nachricht: Nachrichtenwüsten, also Kreise ohne einer lokalen Tageszeitung, gibt es bisher nicht, und negative Auswirkungen auf Demokratie und politische Teilhabe sind nicht festzustellen.

wuestenradar.de

WÜSTENRADAR-STUDIE

Anzahl unabhängiger lokaler Tageszeitungen

nach Kreisen

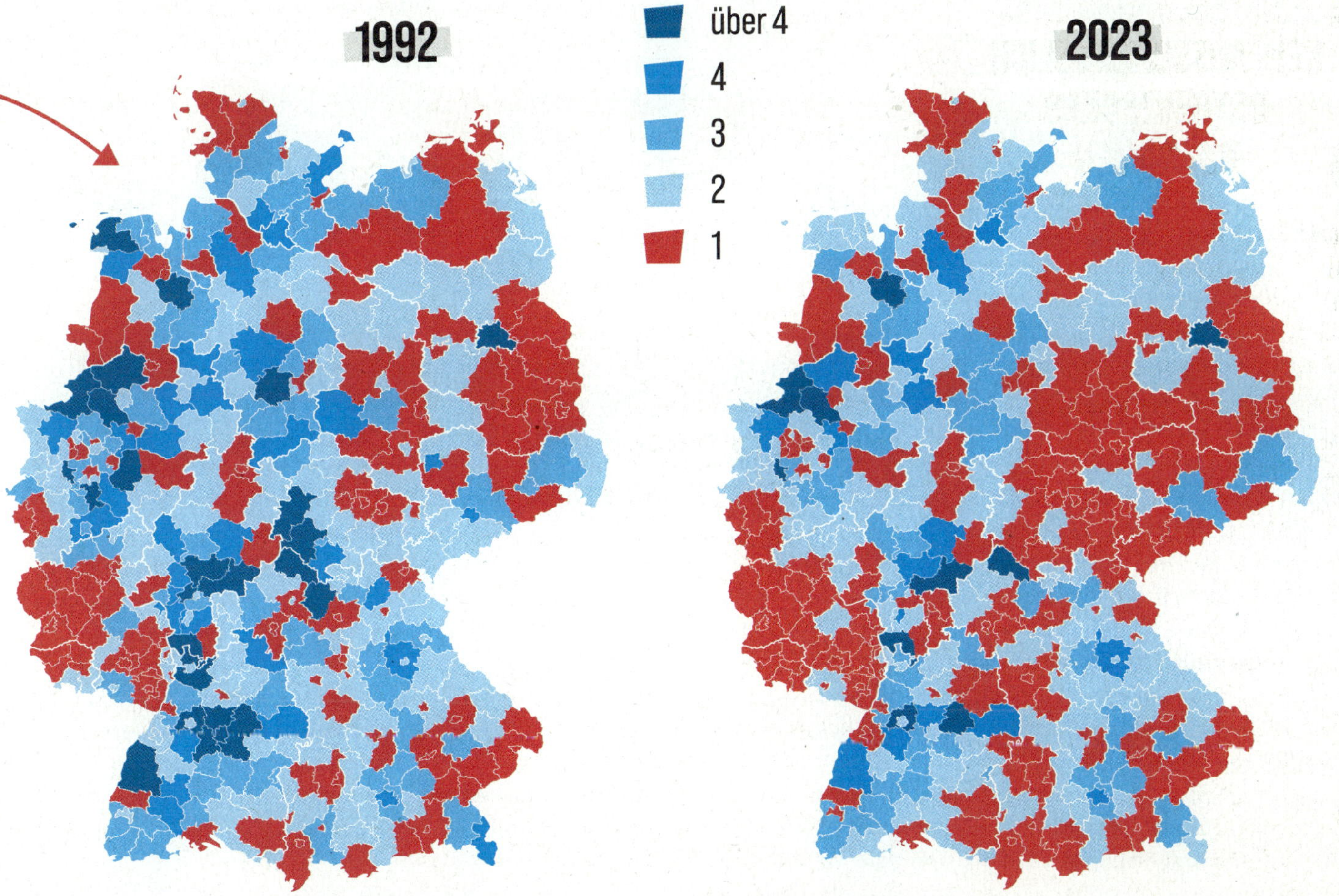

WAS SAGT DIE KÜNSTLICHE INTELLIGENZ ZU DEN WICHTIGEN FRAGEN DES LEBENS?

Wenn jede deutsche Partei ein Architekturstil wäre, welcher wäre es ?

FDP – Futurismus / High-Tech-Architektur
Modern, innovativ, technologisch fortschrittlich – wie die FDP mit ihrem Fokus auf Digitalisierung und Wirtschaft. Oft schick und teuer, aber nicht immer praktisch für den Durchschnittsbürger.

SPD – Bauhaus
Funktional, sozial und auf das Wesentliche reduziert – genau wie die sozialdemokratische Idee von sozialer Gerechtigkeit und Pragmatismus. Hat Tradition, aber kämpft mit dem Problem, modern und ansprechend zu bleiben.

Die Linke – Brutalismus
Radikal, markant, kantig – keine Kompromisse, genau wie ihre Kapitalismuskritik. Manche finden es hässlich und zu grob, andere sehen es als ehrliches Statement gegen den Mainstream.

BSW – Preußischer Neoklassizismus
Streng, bodenständig, ein bisschen nostalgisch – wie die Mischung aus staatlicher Ordnung und sozialer Absicherung, die BSW vertritt. Erinnert an Bismarcks Deutschland: diszipliniert, aber mit sozialer Verantwortung.

Grüne – Ökologische Holzarchitektur
Klimafreundlich, nachhaltig und auf erneuerbare Ressourcen fokussiert. Manchmal experimentell, oft mit viel Glas und Pflanzen – und nicht jeder hält es für alltagstauglich.

CDU – Romanik / Neoklassizismus
Solide, konservativ, auf Tradition und Stabilität bedacht. Strahlt Sicherheit und Beständigkeit aus, aber manchmal auch etwas Altmodisches.

AfD – Wilhelminischer Historismus
Rückwärtsgewandt, nationalistisch, mit Hang zur Verklärung der „guten alten Zeit". Beeindruckende Fassaden, aber innen oft unpraktisch oder überholt.

Wenn jede deutsche Partei ein Krankheit wäre, welche wäre es?

FDP – ADHS (Aufmerksamkeitsdefizit)
Warum? Die FDP ist schnell, laut, wirtschaftsliberal und immer auf der Suche nach Innovation – aber oft auch sprunghaft und inkonsequent in ihren Positionen.

SPD – Chronische Müdigkeit (Fatigue)
Warum? Die SPD war einst eine kraftvolle Arbeiterpartei, doch in den letzten Jahrzehnten wirkt sie oft orientierungslos, erschöpft und hin- und hergerissen zwischen ihren alten Werten und neuen Zwängen.

Die Linke – Rheuma (Schmerzhaft)
Warum? Die Linke leidet unter inneren Spannungen und ideologischen Kämpfen, die sie manchmal unbeweglich machen, obwohl sie eigentlich für soziale Gerechtigkeit kämpfen will.

BSW – Phantomschmerz
Warum? Die Partei fühlt sich an wie ein abgeschnittener Teil der Linken, der aber noch weiter zuckt und versucht, unabhängig zu existieren. Sie kämpft gegen soziale Ungerechtigkeit, spürt aber immer noch den „Schmerz" der alten Parteistrukturen und früheren Kämpfe.

Grüne – Allergie
Warum? Die Grünen reagieren hypersensibel auf bestimmte Themen wie Umweltverschmutzung und Klimawandel – manchmal so stark, dass es für andere fast schon unangenehm wird.

CDU – Arteriosklerose (Gefäßverkalkung)
Warum? Die Partei steht für Stabilität und Tradition – manchmal aber auch für Stillstand und Verhärtung der Strukturen. Reformen fließen oft nur langsam durch ihre politischen Adern.

AfD – Paranoide Persönlichkeitsstörung
Warum? Die AfD hat ein tiefes Misstrauen gegenüber dem Staat, den Medien und „dem System" – Verschwörungstheorien gehören oft zum Parteiprogramm.

Wenn jede deutsche Partei ein Schokolade wäre, welche wäre es?

FDP – Goldene Lindt-Schokolade (mit extra Karamell)
Edel, teuer und betont luxuriös – passt zur FDP, die wirtschaftliche Freiheit und Erfolg symbolisiert. Manchmal ein wenig zu süß (sprich: wirtschaftsliberal bis ins Extrem).

SPD – Milka Alpenmilch 
Der klassische Mittelweg: Nicht zu bitter, nicht zu süß – wie die SPD zwischen Sozialstaat und Marktwirtschaft. Traditionell beliebt, aber hat in den letzten Jahren an Geschmack verloren.

Die Linke – Zartbitterschokolade 90 % Kakao
Kräftig, intensiv und kompromisslos – wie die Kapitalismuskritik der Partei. Viele finden sie zu extrem, aber ihre Fans schwören darauf.

BSW – Ritter Sport mit Nüssen 
Solide, bodenständig und mit einem kleinen, harten Kern. Man denkt, es sei eine einfache Milchschokolade, aber dann kommt die Überraschung in Form von knackigen Nüssen (sozial & konservativ zugleich).

Grüne – Bio-Fairtrade-Schokolade mit Matcha oder Chiasamen 
Nachhaltig, umweltfreundlich und mit einem etwas ungewohnten Geschmack. Für manche ein Statement, für andere ungenießbar.

CDU – Ritter Sport Vollmilch
Bewährte Tradition, schmeckt wie immer und ist eine sichere Wahl. Hat sich über die Jahrzehnte kaum verändert, was für Stabilität sorgt – aber auch für Langeweile.

AfD – Billige Schokolade mit künstlichen Aromen
Wirkt auf den ersten Blick vertraut, aber hat einen unangenehmen Nachgeschmack. Verpackung ist oft sehr patriotisch gestaltet, aber der Inhalt ist fragwürdig.

Wenn jede deutsche Partei ein Jahr wäre, welches wäre es?

FDP – 1982
1982 war das Jahr, in dem die FDP von der sozialliberalen Koalition mit der SPD zur konservativen Koalition mit der CDU überging. Symbolisiert den marktwirtschaftlichen Liberalismus.

SPD – 1949
1949 war das Jahr, in dem die Bundesrepublik Deutschland gegründet wurde und die SPD nach dem Zweiten Weltkrieg wieder als führende sozialdemokratische Partei auftrat.

Die Linke – 1917
1917 war das Jahr der Russischen Revolution, die die Grundlage für sozialistische Bewegungen weltweit legte. Die Linke, als Nachfolgerin der SED, hat starke sozialistische und kommunistische Wurzeln, die an Ereignissen wie der Russischen Revolution orientiert sind.

BSW – 1871
1871 war das Jahr der Gründung des Deutschen Kaiserreichs und der Kulturkampf-Politik von Bismarck, die auf die nationalstaatliche Identität und die Sicherstellung des sozialen Friedens abzielte.

Grüne – 1980
1980 war das Gründungsjahr der Grünen, einer Partei, die sich zunächst für Umwelt- und Friedenspolitik starkmachte und zu einem festen Bestandteil der deutschen Politiklandschaft wurde.

CDU – 1949
1949 passt auch für die CDU, da das Jahr die Gründung der Bundesrepublik und den Beginn der Kanzlerschaft von Konrad Adenauer markiert.

AfD – 1933 
1933 ist das Jahr der „Machtergreifung" der Nationalsozialisten. Dies spiegelt die autoritären und nationalistischen Tendenzen der AfD wider, die von Kritikern als rechtspopulistisch und manchmal auch als demokratiefeindlich wahrgenommen wird.

ARTENVIELFALT

Versehentlicher Geiergenozid kostet Hunderttausende Menschen das Leben

Selten zeigen sich die verheerenden Folgen des Artensterbens so unmittelbar und drastisch wie in diesem Fall: In den Neunzigerjahren starben in Indien fast alle Geier aus, was dazu führte, dass auch Hunderttausende Menschen ihr Leben verloren. Klingt unglaubwürdig? Hier die ganze Geschichte.

VON **TIM EHLERS**

Vielleicht kennst du Voltaren, diese Schmerzsalbe? Der darin enthaltene Wirkstoff Diclofenac ist schmerzstillend, entzündungshemmend und fiebersenkend. Und: Er ist billig. Das macht das Mittel auch interessant für die Tiermedizin. Ab Ende der Achtzigerjahre wurde es deshalb in Indien zunehmend bei Tieren eingesetzt. Es war so beliebt, dass die Produktion des Medikaments schnell auf 800 Tonnen jährlich stieg. Weil es zehn- bis zwölfmal günstiger war als das Ersatzpräparat Meloxicam, wurden bald bis zu 70 Prozent der Schmerzbehandlungen mit Diclofenac durchgeführt. Vor allem Rindern wurde es verabreicht, sowohl Zug- und Lasttieren, die teilweise bis zur Erschöpfung arbeiteten, als auch „heiligen Kühen", die beispielsweise aufgrund ihres Alters an Arthrosen litten.[1]

Was man über Diclofenac noch wissen sollte: Für manche Tierarten ist es hochgradig giftig, etwa für Hunde und Katzen.[2] Ganz besonders empfindlich aber reagieren Geier darauf. Und diese spielen in Indien eine entscheidende Rolle bei der Beseitigung toter Tiere. Die meisten Inder sind Hindus und damit überwiegend Vegetarier. Sie schlachten nicht. Deshalb fallen jedes Jahr schätzungsweise 20 bis 30 Millionen Rinderkadaver an.[3] Die Folge des Diclofenac-Einsatzes: In rund einem Jahrzehnt starben die auf dem indischen Subkontinent brütenden Geier fast vollständig aus – vergiftet durch das Diclofenac in den Überresten der Rinder. Todesursache: akutes Nierenversagen. Während Anfang der 80er in Indien 40 Millionen Geier der Gattung *Gyps* lebten, waren es zuletzt nur noch 19.000.[4]

Weil man infolge des Geiersterbens der Tierkörperentsorgung nicht mehr Herr wurde – verbrennen und vergraben war zu aufwendig und zu teuer –, übernahmen Ratten und streunende Hunde den Job der Aasfresser. Obwohl er auch für sie giftig ist, sind sie offensichtlich toleranter gegenüber dem Wirkstoff. Rein rechnerisch hatten zuvor zehn Geier innerhalb einer Woche ein komplettes Rind verschwinden lassen.[5] Weil es so viele Geier gab, war von einer Kuh nach 40 Minuten nichts mehr übrig.[6] Aber jetzt war Schlaraffenland für die Hunde! Ihre Population

(1) Baumgart, Wolfgang: Das durch Diclofenac verursachte Geiersterben in Indien. Ein Tierarzneimittel erschüttert einen subkontinentalen Kulturkreis, in: Deutsches Tierärzteblatt, (65)2017, Nr. 3, S. 306-312.

(2) Tierärztliches Gesundheitszentrum Peckelsheim, auf: tierarztpraxis-schueltken.de.

(3) Baumgart, Wolfgang: Wie steht es heute um Indiens Geier? Reiseeindrücke (Okt./Nov. 2015) und Recherche-Ergebnisse zum Diclofenac-Geschehen, in: Deutscher Falkenorden (Hg.): Greifvögel und Falknerei. Jahrbuch des Deutschen Falkenordens, Melsungen 2016, S. 136-186.

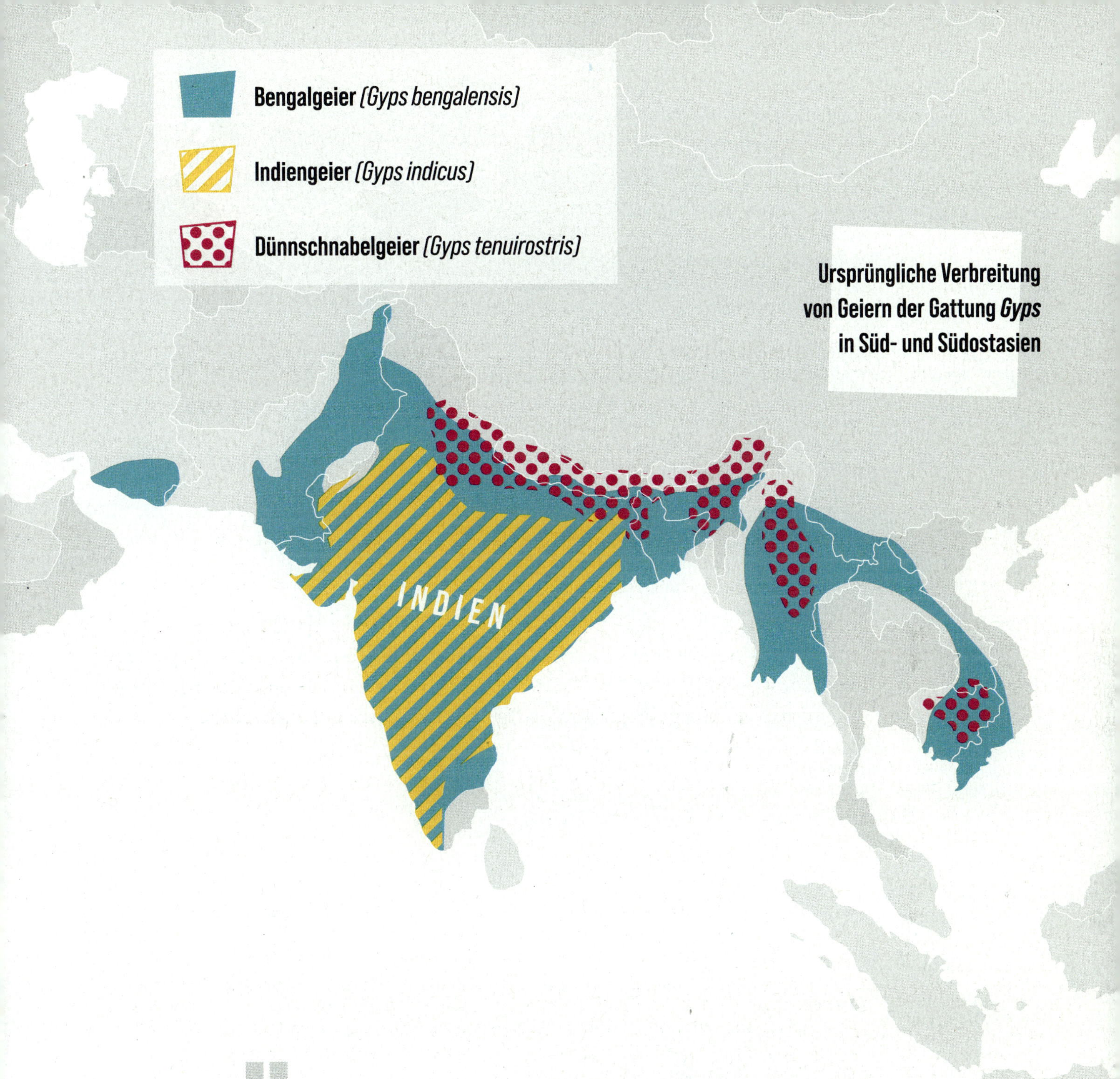

> Von einer toten Kuh war nach 40 Minuten nichts mehr übrig

stieg und damit die Tollwutgefahr. Rattenplagen verschärften die Lage zusätzlich.

Obwohl man das Geiersterben bereits in den 90ern registriert hatte, wurde erst 2004 die Ursache festgestellt.[7] Zwei Jahre später wurde Diclofenac für die Landwirtschaft in Indien und den Nachbarländern verboten.[8] Bis dahin hatte die Zahl der Tollwuttoten aber bereits deutlich zugenommen. Eine neue Studie hat nun ergeben, dass das Ausmaß der menschlichen Opfer infolge des Geiersterbens sogar noch drastischer ausfiel, als lange vermutet. Wissenschaftler aus Chicago und Warwick werteten Daten der Jahre 2000 bis 2005 aus und bezogen dabei weitere Statistiken der indischen Gesundheitsbehörden

(4) The Hindu (Hg.): Sharp decline in vulture population, from 40 million to 19,000: Prakash Javadekarm, auf: thehindu.com (27.7.2019).

(5) Baumgart 2016.

(6) Schubert, Christian: Eine halbe Million Tote nach Geiersterben, auf: faz.net (14.11.2024).

ein. Neben der Tollwut war beispielsweise auch verschmutztes Trinkwasser ein entscheidender Risikofaktor. Die Forscher errechneten, dass aufgrund der Geierkrise allein im Untersuchungszeitraum jährlich mehr als 100.000 Personen zusätzlich starben. Den wirtschaftlichen Schaden bezifferten sie auf 69 Milliarden Dollar pro Jahr.[9]

Angesichts dieser weitreichenden Umweltauswirkungen ist es umso erstaunlicher, dass Diclofenac in der Europäischen Union weiterhin zugelassen ist. Es steht zwar auf der Beobachtungsliste der Wasserrahmenrichtlinie, da es als potenziell schädlich für die Natur angesehen wird.[10] Verbindliche Beschränkungen gelten jedoch nicht. Es gibt lediglich den Vorschlag eines Grenzwerts für Oberflächengewässer.[11] Doch auch der ist zehnmal höher als die für Tiere und Pflanzen potenziell schädliche Konzentration, schreibt das Umweltbundesamt.[12]

Die Wirkung des Medikaments indes ist umstritten. Das wissen viele gar nicht und greifen vorschnell zu Schmerzsalben, von denen ein Großteil beim Händewaschen ins Abwasser gelangt. Bislang sind Kläranlagen aber noch nicht darauf ausgelegt, Diclofenac aus dem Wasser zu filtern. Die Folge: Der vorgeschlagene Grenzwert der EU wird bei sporadischen Messungen fast immer um ein Vielfaches überschritten.[13]

„Angesichts dieser weitreichenden Umweltauswirkungen ist es umso erstaunlicher, dass Diclofenac in der Europäischen Union weiterhin zugelassen ist"

TIM EHLERS
KATAPULT

(7) Oaks, J. Lindsay u.a.: Diclofenac residues as the cause of vulture population decline in Pakistan, in: Nature, (427)2004, S. 630-633; Green, Rhys E. u.a.: Diclofenac poisoning as a cause of vulture population declines across the Indian subcontinent, in: Journal of Applied Ecology, (41)2004, S. 793–800.

(8) Baumgart 2016.

(9) Schubert 2024.

(10) Durchführungsbeschluss (EU) 2015/495, ABl. L 78, 24.3.2015, S. 40-42.

(11) Höber, Alexa: Rückstände in Gewässern. Industrie soll für Abwasserreinigung zahlen, auf: tagesschau.de (26.9.2023).

(12) Maack, Gerd: Diclofenac: Kleine Wirkung für den Menschen – großer Schaden für die Umwelt, in: Umwelt und Mensch – Informationsdienst, 2023, Nr. 1.

(13) NDR (Hg.): Rückstände von Schmerzsalben belasten Gewässer, Panorama-3 vom 26.9.2023.

WIE DIE AFD UNSERE DEMOKRATIE GEFÄHRDET

DIE UMSTURZPARTEI

Dieser Text ist eine der umfangreichsten Dokumentationen über die zunehmende Radikalisierung der AfD. Gleichzeitig ist es auch der längste Artikel, den wir je bei KATAPULT veröffentlicht haben. Wer die Demokratie stärken und Rechtsextremismus bekämpfen will, muss den Rechtsextremismus verstehen, muss Methoden, Strategie und Arbeitsweise derer verstehen, die die Demokratie abschaffen wollen.

Dieser Artikel wurde von Andrea Röpke und Andreas Speit im Auftrag des American Jewish Committee Berlin, Lawrence and Lee Ramer Institute for German-Jewish Relations (AJC Berlin) verfasst und im Juli 2024 veröffentlicht.

Machtergreifung?

Im Herbst soll „die Sonne der Regierungsbeteiligung“ für die Alternative für Deutschland aufgehen. Auf dem Bundesparteitag der AfD in Essen nannte der Co-Bundesvorsitzender der Partei, Tino Chrupalla, dieses Ziel. Im Saal der Grugahalle signalisierte die Bundesspitze vom 29. bis 30. Juni 2024 vor allem Geschlossenheit. Die Wahlchancen vor Augen schauten sie nach vorne auf die parlamentarischen Mandate und Machtoptionen und nicht zurück auf die vergangenen Skandale und Streitereien. Am Ende des Parteitags stand fest: Tino Chrupalla und Alice Weidel führen die Partei mit fast 50.000 Mitgliedern weiter.[2] „Wir wollen regieren – erst im Osten, dann im Westen, dann im Bund“, versicherte Chrupalla in der nordrhein-westfälischen Metropole.[3] Mögliche Wahlerfolge der AfD bei den Landtagswahlen in Sachsen, Thüringen und Brandenburg im Herbst können gravierende Folgen für Frieden und Zusammenhalt in Europa und die Sozial-, Bildungs- und Arbeitsmarktpolitik nach sich ziehen. Die Klima- und Asylpolitik dürfte nicht weniger betroffen sein. Die plurale Zivilgesellschaft mit einer diversen Vereins-, Kultur- und Theaterlandschaft wird gefährdet sein. Demokratische Alltagskultur und die Vielfalt von Lebensentwürfen schwinden. Stattdessen wird die Förderung für extrem rechte Jugendprojekte zunehmen. Entsprechende Vereine existieren bereits im Umfeld von einschlägigen Studentenverbindungen oder der rassistischen Identitären Bewegung. Die AfD will die autoritäre Wiederherstellung von Kontrolle, warnt der Soziologe Wilhelm Heitmeyer. Der „autoritäre Nationalradikalismus“ der Partei schließt, laut Heitmeyer, die Kontrolle über die geografischen Landesgrenzen ebenso ein wie über die sozialen Verhältnisse und privaten Beziehungen.[4] Dieser Wandel wird ebenso im Westen nachwirken. Tatsächlich scheint die Hoffnung der AfD nach den Wahlen in den drei östlichen Bundesländern in irgendeiner Variante an der Regierung beteiligt zu sein, nicht unbegründet. In Thüringen erzielte sie bei den Europawahlen rund 30 Prozent, in Sachsen über 31 Prozent und in Brandenburg knapp 26 Prozent, die Ergebnisse der Kommunalwahlen vermittelten ein ähnliches Bild. „Wir sind im Osten bei dieser Wahl jetzt stärkste Kraft, mehr Rückenwind gibt's ja nicht“,[5] frohlockt Chrupalla. Auf kommunaler Ebene spiegelt sich dieser Rechtsruck bereits wider. In Brandenburg liegt die AfD nach der Kommunalwahl an erster Stelle vor der CDU, in Sachsen hat die Partei die meisten Stimmen bei den Landkreiswahlen erreicht und dabei teilweise Ergebnisse mit über 40 Prozent der Stimmen erzielt. Der rasche Aufstieg der neonazistischen Kleinstpartei *Freie Sachsen* von Martin Kohlmann bereitet zusätzlich Sorge. Diese regionale Protestbewegungspartei mit offen gewaltbereitem Personal zog im Juni – neben der AfD – in alle Kommunalparlamente ein und tritt in Sachsen auch zu den Landtagswahlen an. Sie bieten sich als Koalitionspartner für die sächsische AfD an, warnte Rechtsextremismus-Experte Michael Nattke, Geschäftsführer des Kulturbüro Sachsen am 27. Juni 2024 beim Messengerdienst *X*. In Thüringen hat sich die selbsternannte Alternative unter der Führung Björn Höckes im Vergleich zur vorherigen, bereits sehr erfolgreichen Wahl sogar um 8,6 Prozentpunkte steigern können. Auch wenn sie alle Stichwahlen bei den Landratswahlen gegen starke Kandidat:innen anderer Parteien verloren hat, darf das nicht über die Machtzunahme hinwegtäuschen. „Sie wird auf der Graswurzelebene der Politik deutlich präsenter sein und könnte sich in der Sacharbeit der Kommunalparlamente wahlweise noch weiter normalisieren und entdämonisieren oder blockieren“,[6] fasste Gareth Joswig in der *taz (die tageszeitung)* das Ergebnis zusammen und mahnte die negativen Auswirkungen vor allem für jene an, die nicht in deren Weltbild passen. Insbesondere in ländlichen Regionen fand die AfD starken Zuspruch, aber auch in von Industriearbeitsplätzen geprägten Regionen sowie im Mittelstand. Mit den Stimmen der unter 24-Jährigen von 16 Prozent erschloss sich die Partei eine weitere neue Wähler:innengruppe. „Jüngere wählen sehr viel stärker situativ“, erklärt Ursula Birsl, Demokratieforscherin an der Philipps-Universität Marburg. Sie seien jedoch nicht so an eine Partei gebunden, sie könnten wieder erreicht werden, so Birsl.[7] Die AfD verfügt aktuell über mindestens 8.501 Sitze in Kommunalparlamenten. Im Verbund mit anderen Rechtsaußenparteien und Wählergemeinschaften existieren in ostdeutschen Bundesländern oft sogar klare rechte Mehrheiten. Nur ganz wenige Städte wie Potsdam oder Jena konnten sich eine potenziell progressive Mehrheit erhalten. Nur 17,8 Prozent der neuen Mandate bei den Kommunalwahlen gingen an Frauen.[8] Im mecklenburg-vorpommerschen Teterow wurde Christian Wolter (AfD) zum neuen Vorsitzenden eines Stadtparlaments gewählt. Eine Brandmauer besteht dort – anders als im Landtag – nicht mehr.[9] Die AfD setzte mit Unterstützung von CDU und SPD bereits Anträge durch. Auch in der Hansestadt Greifswald soll mit der AfD paktiert werden. [10]

(2) Weidel auf AfD-Parteitag „Wir sind hier - und wir werden bleiben“ auf: www.tagesschau.de Zuletzt geprüft am 05.07.2024.

(3) Weidel auf AfD-Parteitag „Wir sind hier - und wir werden bleiben“ auf: www.tagesschau.de Zuletzt geprüft am 05.07.2024.

(4) „Erwachen aus wutgetränkter Apathie“ auf: www.sueddeutsche.de Zuletzt geprüft am 05.07.2024.

(5) „Nachrichten und Hintergründe Europawahl 2024“ auf: www.tagesschau.de Zuletzt geprüft am 05.04.2024.

(6) „Nach den Kommunalwahlen in Thüringen - Nichts ist okay“ auf: www.taz.de Zuletzt geprüft am 05.07.2024.

(7) „Europawahl 2024 - Warum junge Menschen die AfD gewählt und die Grünen abgestraft haben“ auf: www.tagesschau.de Zuletzt geprüft am 05.07.2024.

(8) „Die Eroberung der Fläche“ auf: www.der-rechte-rand.de Zuletzt geprüft am 15.07.2024.

(9) Teterow: Erstmals AfD-Bürgervorsteher - „Der Brandmauerfall hat begonnen“ auf: www.ndr.de Zuletzt geprüft am 15.07.2024.

Gefährliche Krisen- und Blockadegewinne

Das Image der AfD droht sich weiter zu verändern. Politische Skandale schrecken weniger ab – egal, ob heftige Korruptionsvorwürfe, die Einflussnahme Russlands oder Spionagevorwürfe zugunsten Chinas. Die Beliebtheit der Partei steigt vor allem bei Männern. Der Abstand zwischen den Geschlechtern wurde bei der Europawahl sehr deutlich, so wählten im Bundesdurchschnitt 19 Prozent Männer und nur zwölf Prozent Frauen die AfD. In ihrem Parteiprogramm fordert sie die „traditionelle Familie", die für sie „Mutter, Vater, Kind" bedeutet.[11] Im Bundestag verzeichnet die AfD-Fraktion den geringsten Frauenanteil mit rund 11,7 Prozent, gefolgt von der CDU mit 25,4 Prozent.[12] Die Verluste der Regierungsparteien SPD, Grüne und FDP bei den Juni-Wahlen sind so groß, dass sie – ebenso wie Die Linke – in den neuen Bundesländern um den Verbleib in den Parlamenten bangen müssen. Selbst jene Kommentator:innen und Parteianalyst:innen, die erwarteten, dass das Bündnis Sahra Wagenknecht (BSW) der AfD schaden könne, mussten einräumen, sich geirrt zu haben.

> „Bei einer Erhebung für das ZDF sagten 70 Prozent der Anhänger:innen der AfD, sie würden die Partei wegen ihrer ‚politischen Forderungen' unterstützen, nur 28 Prozent meinten, den ‚anderen Parteien' einen ‚Denkzettel' verpassen zu wollen"

Europa- als auch Kommunalwahlen verdeutlichen eine Tendenz: Gerade jene Parteien erzielten Gewinne, die nicht für ökologische oder soziale Transformationen einstehen, sondern ein reaktionäres „Zurück zu alter Stärke" propagieren. Expert:innen erkennen darin eine starke Veränderungsabwehr und -müdigkeit. Umfragen nach den Wahlen im Juni belegen: Protest ist nicht das zentrale Motiv. Bei einer Erhebung für das *ZDF* sagten 70 Prozent der Anhänger:innen der AfD, sie würden die Partei wegen ihrer „politischen Forderungen" unterstützen, nur 28 Prozent meinten, den „anderen Parteien" einen „Denkzettel" verpassen zu wollen.[13] Die AfD wird gerade wegen ihrer und nicht trotz ihrer Positionen gewählt. Im März 2024 ergab eine Datenanalyse von *Zeit online*, dass 48 Prozent der AfD-Sympathisant:innen mit der Demokratie, so wie sie in Deutschland besteht „sehr unzufrieden sind". Der Hauptteil der AfD-Wählerschaft ist nicht für eine Diktatur als „bessere Staatsform", aber 18 Prozent stimmen der Einschätzung zu: „Unter bestimmten Umständen ist eine Diktatur die bessere Staatsform". Viele AfD-Anhänger:innen wollen, dass weniger Steuern gezahlt werden, auch wenn dafür der Sozialstaat schrumpft (29 Prozent), damit wählen sie teilweise gegen ihre eigenen ökonomischen Interessen. Die „falschen Propheten" aus der AfD lösen keine gesellschaftlichen Probleme, sie befeuern laufende Konflikte. Sie nutzen die Kontingenz der Krisen in den vergangenen 15 Jahren zu nachhaltigen Verunsicherungen.

Haftbefehle für politische Gegner:innen

Die Europa- und Kommunalwahlen offenbaren erneut, bei Kritik von „Altparteien" und „Systempresse" rücken AfD und loyale Wählerschaft noch fester zusammen, geben sich gemeinsam als von außen bedroht. Der Bundesparteitag in Essen bestätigte diesen strammen Trend, der Wahrheit ausblendet. „Bei uns gibt es keinen einzigen Nazi",

(10) „Hochschild-Fraktion will mit AfD zusammenarbeiten" auf: www.ostsee-zeitung.de Zuletzt geprüft am 09.07.2024.

(11) „Von welchen Gruppen die AfD besonders viele Stimmen bekam" auf: www.rnd.de Zuletzt geprüft am 05.07.2024.

(12) „Anteil der Frauen im 20. Deutschen Bundestag nach Fraktionen und Gruppen im Jahr 2024" auf: de.statista.com Zuletzt geprüft am 05.07.2024.

(13) Wahl 2024 Europawahl; Deutschland, Forschungsgruppe Wahlen, ZDF, 10.06.2024, 11:55 Uhr.

(14) „AfD-Vize will politische Gegner vor Gericht stellen" auf: www.t-online.de Zuletzt geprüft am 05.07.2024.

(15) „AfD-Parteitag Bissattacke-Spuckattacke" auf: www.zdf.de Zuletzt geprüft am 05.07.2024.

(16) §Die AfD setzt im Wahlkampf auf Krah" auf: www.faz.net Zuletzt geprüft am 05.07.2024.

(17) Fotos und Belege siehe hier: www.rechercheportaljenashk.noblogs.org Zuletzt geprüft am 15.07.2024.

(18) Krolzig, Sasha (2020): N.S. Heute – Weltanschauung. Bewegung. Leben. Ausgabe 23.

(19) Quent, Matthias; Virchow, Fabian (2024): Rechtsextrem, das neue Normal? Piper; S. 10.

(20) Ebd. S. 33ff.

(21) „„Kesselschlacht"-Aussage: AfD-Politiker sorgt für Empörung" auf: www.berliner-zeitung.de Zuletzt geprüft am 04.07.2024.

(22) Gegen die mutmaßliche Terrorgruppe „Vereinte Patrioten" läuft seit Mai 2023 ein Prozess vor dem OLG Koblenz. Hier wurden Bezüge zum Chat „Veteranen-Pool" dargelegt.

(23) Das geht aus der Anklage gegen die „Gruppe Reuß" vor dem OLG Frankfurt/Main hervor.

(24) „364 mutmaßliche Rechtsextremisten in Sicherheitsbehörden" auf: www.tagesschau.de Zuletzt geprüft am 05.07.2024.

donnerte der Thüringer Bundestagsabgeordnete Stephan Brandner den überwiegend männlichen Teilnehmenden in der Grugahalle entgegen und wurde mit 90 Prozent der Stimmen zur Wahl in den Bundesvorstand belohnt. Er habe schon 2017 gesagt, so Brandner: „Macht den Stimmzettel zum Haftbefehl für Angela Merkel!" Inzwischen solle der Stimmzettel zu „Haftbefehlen für diejenigen, die verantwortlich sind für diesen unterirdischen Zustand unseres Landes" werden. Die Politiker:innen, die der Jurist anfeindete, sollten „angeklagt werden".[14] Den Parteitag begleiteten mehrere zehntausende Protestierende. Auf dem Weg zur Grugahalle griff der AfD-Delegierte Stefan Hrdy offenbar zweimal Demonstrierende tätlich an. Hrdy, ehemaliger Elitepolizist der Spezialeinheit GSG9, inszenierte sich nach außen als Opfer, sprach von „Notwehr". Im internen Gespräch mit rechten Aktivisten soll er gut gelaunt über die Bissattacke gewitzelt haben.[15]

Lug und Trug sind der AfD nahe. Dennoch wird der Partei nach wie vor geglaubt, etwa wenn sie den skandalumwitterten Europa-Spitzenkandidaten Maximilian Krah und dessen Vize Petr Bystron aufgrund von staatsanwaltlichen Ermittlungen ein Auftrittsverbot im Wahlkampf erteilt, aber gar nicht beabsichtigt, dieses durchzusetzen. Die positive Botschaft nach außen lautet: Weidel und Chrupalla hätten erzieherische Grenzen gezogen. Das ist es, was hängen bleiben soll. Solche Maßnahmen entpuppen sich immer wieder als Farce, da niemand sich daran hält. Im sächsischen Landtagswahlkampf im Herbst 2024 setzt die AfD schon wieder auf den Hardliner als Aushängeschild.[16] Offiziell schloss die AfD den damaligen Brandenburger Landesvorsitzenden Andreas Kalbitz 2020 wegen seiner Mitgliedschaft in der nationalsozialistischen Jugendorganisation Heimattreue Deutsche Jugend (HDJ) aus und dennoch wirkte er weiter im Kommunalwahlkampf in Brandenburg 2024 mit, wie Fotos belegen. Im Sommer 2024 beweisen Recherchen, dass der erste AfD-Landrat, Robert Sesselmann, aus dem thüringischen Sonneberg mit der nationalsozialistischen Aktivistin Angela Schaller liiert ist. Von Schaller gibt es Fotos, auf denen sie vor einer Hakenkreuzflagge und einem Bild von Adolf Hitler posiert, das Hakenkreuz trägt sie auch als Tattoo. Schaller war Rednerin bei Parteiveranstaltungen von Die Rechte oder startete Solidaritätsaktionen für Antisemit:innen.[17] Ihr Partner, Landrat Sesselmann, trat nicht zurück. Begründung: Sie sei 2019 ausgestiegen. Fakten beweisen das Gegenteil. So zum Beispiel stellte Schaller 2020 in dem Neonazi-Magazin *N.S. Heute* den Nationalen Frauenwanderbund in Thüringen vor und warb um neue Mitglieder. Sich selbst bezeichnete sie als „NPD-Mitglied".[18]

Nicht an Rechtsextremismus gewöhnen

„Im Wirkungsbündnis mit Desinformationskampagnen mit teils ausländischen Hintergrund zersetzt die extreme Rechte das Vertrauen in die Demokratie",[19] erklären die Hochschulprofessoren Matthias Quent und Fabian Virchow in ihrem Sammelband *Rechtsextrem, das neue Normal? Die AfD zwischen Verbot und Machtübernahme.* Eine „signifikante Gefahr" für einen demokratischen Rechtsstaat stellt die Tatsache dar, dass zahlenmäßig relevante Teile aus Polizei, Bundeswehr und Justiz mit verfassungswidrigen Teilen der AfD sympathisieren, so Fabian Virchow, „die AfD ist bereits jetzt eine Gefahr für eine demokratische Gesellschaft".[20]

Dementsprechend hoffte der brandenburgische AfD-Landtagsabgeordnete Daniel Freiherr von Lützow in einem Chat namens Veteranen Pool auf „Kesselschlachten in Berlin".[21] In diesem Chat vernetzten sich laut Innenministerium seit Ende April 2021 sogenannte Querdenker:innen sowie Teilnehmende aus der Reichsbürger-Szene. Diese Telegram-Gruppe schaffte es in kürzester Zeit auf über 12.000 Mitglieder – darunter viele Soldat:innen außer Dienst. Über genau diesen Chat vernetzten sich auch spätere mutmaßliche Rechtsterrorist:innen der Verschwörergruppen Vereinte Patrioten[22] und Gruppe Reuß.[23] Das Bundesamt für Verfassungsschutz stellte 364 mutmaßliche Rechtsextremist:innen in den Sicherheitsbehörden fest – und das ist nur das Hellfeld.[24]

Mut und Konsequenzen

Im Nachgang der Europawahlen wurde Lars Klingbeil in der sogenannten „Elefantenrunde" des Sender *N-tv* sehr deutlich. Der SPD-Parteichef sagte am 9. Juni 2024 zu den Wahlergebnissen: Die „Nazis" seien stärker geworden. „Sie haben mich und die Partei gerade als Nazis bezeichnet?", fragte Alice Weidel scharf nach. Klingbeil entgegnete: „Ja. Das wissen Sie, dass ich die AfD und Sie meine." Diese Zuschreibung wurde in Politik und Medien allerdings nicht wohlwollend kolportiert. Nicht Weidel, sondern Klingbeil geriet in die Kritik. Soll 2024 nicht sein, was wirklich ist? Soll sich nicht realistischerweise eingestanden werden, dass erneut rassistisch motivierte Demokratiefeind:innen hohen Zuspruch erhalten, eben weil sie so sind? Es ist doch längst bestätigt, dass Alice Weidel keinesfalls zu den Moderaten in der Partei gehört. Im „Sommerinterview" der *ARD* 2023 sagte sie auf die Frage nach dem 8. Mai, dem Tag der Befreiung vom Nationalsozialismus durch die Alliierten, dass sie diese „Niederlage des eigenen Landes" nicht feiern würde.[25] Eine Aussage, die nichts mit Patriotismus zu tun hat, sondern die ganze Dimension ihrer Demokratiefeindlichkeit verdeutlicht. Die AfD selbst schafft klare Fakten, die sie als rassistisch, antisemitisch und völkisch ausmachen. Warum wird Weidel nicht ernstgenommen, gilt als gemäßigt im Vergleich zu Höcke? Wird mal wieder einer Frau ein politisches Bewusstsein und eine radikale Haltung abgesprochen – eben weil sie eine Frau ist? Eine Reaktion, die rechtsextremen Frauen seit jeher in die Hände spielt. Nicht minder die Annahme, Homosexualität würde eine eindeutige rechtsextreme Gesinnung unterminieren. Widerlegt wird diese Annahme von der Geschichte des Rechtsextremismus bis in die Gegenwart.

Die AfD agieren zu lassen, in dem Glauben, sie werde sich bei politischer Verantwortung schnell für die Wähler:innen „entzaubern", ist brandgefährlich für die Demokratie. Der Staat ist gefordert, die offene Gesellschaft mit ihren demokratischen Werten zu schützen. Viele Menschen sind besorgt, engagieren sich, zeigen Zivilcourage. Sonntagsreden und ein „Nie wieder ist jetzt" aus der Politik alleine genügen nicht. Politisch Verantwortliche selbst haben nicht minder stark Verantwortung zu übernehmen.

(25) „ARD Sommerinterview mit Alice Weidel, AfD-Fraktionsvorsitzende" auf: www.tagesschau.de Zuletzt geprüft am 05.07.2024.

Hauptsitze neurechter Verlage

1. KAPITEL

SYMBOL DES SYSTEMS – KAMPF UM DEN BUNDESTAG

(26) „AfD - Tiktok-Erfolgstrategie" auf: www.zdf.de Zuletzt geprüft am 02.05.2024.

(27) Martin Sellner (2023): Regime Change von rechts. Schnellroda. Verlag Antaios. S. 90.

(28) Alle Zitate: Deutscher Bundestag: Beschlussempfehlung und Bericht des Haushaltsausschusses. 31.01.2024. auf: www.bundestag.de/mediathek Zuletzt geprüft am 02.05.2024.

(29) Victor Klemperer (1975): LTI. Lingua Tertii Imperii Sprache des ‚Dritten Reichs'. Reclam. S. 21.

(30) „Neue Rechte - Geheimplan gegen Deutschland"www.correctiv.org Zuletzt geprüft am 02.03.2024.

(31) „AfD-Chefin Weidel beendet Zusammenarbeit mit ihrem Referenten" auf: www.rbb24.de Zuletzt geprüft am 02.05.2024.

(32) Alle Zitate: Deutscher Bundestag: Beschlussempfehlung und Bericht des Haushaltsausschusses. 31.01.2024. www.bundestag.de/mediathek Zuletzt geprüft am 02.05.2024.

Wenn Alice Weidel an das Rednerpult im Bundestag geht, will sie nicht bloß für das Bundestagsauditorium sprechen. Ihren Hauptauftritt hat die AfD-Bundestagsfraktionsvorsitzende vor dem Publikum in den Sozialen Medien. Keine andere Partei hat so früh die Chancen von Facebook, X, Telegram oder Tiktok erkannt und die Öffentlichkeitsarbeit über diese Medien so professionell aufgestellt. „Die AfD hat die effektivste Social-Media-Kommunikation unter den Parteien", sagt Johannes Hillje, der 2014 als Wahlkampfmanager für Bündnis 90/Die Grünen arbeitete und nun als freiberuflicher Politikberater für Kommunikation tätig ist. „Andere Parteien überlassen der AfD nicht nur einzelne Plattformen wie Tiktok, sondern auch die politischen Emotionen im Land", sagte Hillje *ZDF heute* am 10. Februar 2024.[26] „Der Ausbau der Gegenöffentlichkeit ist ein entscheidendes strategisches Zwischenziel zum Sturz der herrschenden Ideologie", schreibt der Posterboy der rechtsextremen Identitären Bewegung, Martin Sellner, in seinem Buch *Regime Change von rechts*. Sellner, der auf die AfD einwirkt, geht ins Detail: „Unter Gegenöffentlichkeit verstehen wir alle Medien, sozialen Plattformen, ‚Influencer' und sonstigen Meinungsmultiplikatoren, die sich dem gegnerischen Mainstream entgegenstellen." Letztlich geht es auch für die AfD um den „Infokrieg", der dafür zu sorgen hat, dass ein antidemokratisches Stimmungsbild in der Bevölkerung erzeugt wird, bis der „Mainstream übertrumpft und ihm die Deutungshoheit" abgerungen ist.[27]

Ein professionelles Social-Media-Team begleitet Weidels Auftritte und bereitet sie für die jeweiligen Kanäle auf. Die Intention der digitalen Weiterverbreitung bedingt die Provokation. Ohne Pauschalisierungen und Diffamierungen werden keine Klickzahlen erhöht. Dieser Effekt radikalisiert die Inszenierungen auf Social Media. Vor allem jüngere Konsument:innen mit einem völlig neuen Medienkonsum erreicht die AfD dadurch. Die bedingungslose Loyalität der festen AfD-Sympathisant:innen bedingt, dass Skandale, die nicht AfD-Nahestehende erschrecken, kaum in die Anhänger:innenschaft vordringen. Die Auftritte, die Argumentationen müssen gar provozieren, um das eigene Milieu nicht zu enttäuschen. Der Habitus des ewigen Opfers von „Systemparteien" und „Systempresse", von „Political Correctness" und „Wokeness" ist ihre DNA. In der Generaldebatte zum Bundeshaushalt 2024 am 31. Januar spitzte Weidel so auch bewusst zu. „Es brennt in Deutschland. Und diese Regierung aus überforderten Fehlbesetzungen und starrsinnigen Ideologen ist der Brandstifter", sagte sie. Die Ampelregierung von SPD, Grünen und FDP markierte sie gleich zur Gefahr für Deutschland und stellte sie den „geschundenen Leistungsträger dieses Landes" gegenüber. Jene „Bauern, Handwerker, Mittelständler, Gastwirte, Händler, Transportunternehmer", die auf die Straße gingen, „weil sie nicht mehr können – verschwiegen von den Medien". Das „Volk gegen die Eliten" ist das Narrativ, mit dem sich die AfD als wahre „Volksvertretung" gegen die ausgemachten „Volksverräter" geriert. Dass „die Presse" die Proteste aus der Landwirtschaft gar nicht, wie behauptet, verschwiegen hat, ist egal.[28]

Vergiftete Worte

Suggestionen greifen, auch wenn sie Fake News oder Fake-Studien sind. Mit der Sprache wird Wirklichkeit erschaffen – und sie kann tödlich wirken. In *LTI. Lingua Tertii Imperii, Sprache des „Dritten Reichs"* führte Victor Klemperer schon kurz nach dem Nationalsozialismus aus: „Worte können sein, wie winzige Arsendosen: sie werden unbemerkt verschluckt, sie scheinen keine Wirkung zu tun, und nach einiger Zeit ist die Giftwirkung doch da."[29] Diese Dosen wirken längst, viele Debatten hat die AfD bereits vergiftet. Nicht nur die 78 Bundestagsabgeordneten der AfD forcieren Vergiftungen, die in Verhetzungen münden können. Weidel greift so auch das journalistische Portal *Correctiv – Recherchen für die Gesellschaft* an, das am 10. Januar 2024 ein Treffen im Landhaus Adlon in Potsdam von AfD-Funktionsträger:innen, CDU-Mitgliedern und Unternehmern öffentlich machte, bei dem Sellner über „Remigration" referierte.[30] Weidel verunglimpft Correctiv als „Hilfsstasi". Eine im Vergleich implizierte Relativierung der Staatssicherheit der DDR und deren Opfern scheint nicht zu stören. Weidel selbst trennte sich dennoch von ihrem Referenten Roland Hartwig, nachdem seine Anwesenheit im Landhaus bekannt wurde.[31] Ein Widerspruch, der sie in der Rede nicht bremste. Eine typische Methode der AfD, sich en gros nicht zu distanzieren, aber kleine Bauernopfer zu bringen.

Misstrauen in eine demokratisch gewählte Regierung zu säen, ist das Ziel. Ihre Rede beendete Weidel mit einer Zuspitzung gegen die Ampelregierung: „Sie lassen die Bürger im Stich" und „diese Regierung hasst Deutschland".[32] Diese politische Delegitimierung kennzeichnet rechtsextreme Parlamentspolitik. Sie wollen in den demokratischen Strukturen nicht mitarbeiten, sondern alle demokratischen Optionen nutzen, um jegliche demokratische Strukturen zu zersetzen. Im Bundestag thematisiert die Fraktion getreu ihrer Programmatik immer wieder die Asyl- und Flüchtlingspolitik. Sie beklagen in Anträgen, dass das „islamistische Bedrohungspotential" nicht genügend beachtet und zu wenig dagegen getan werde.[33]

In einer Studie der Otto-Brenner-Stiftung zur „Analyse der Wirtschafts- und Sozialpolitik" stellten Stephan Pühringer, Karl M. Beyer und Dominik Kronberger eine „soziale Rhetorik" fest, die jedoch eine „oberflächliche Fassade" der Partei sei, „die in ihren wirtschaftspolitischen Vorstellungen fest in neo- und ordoliberale Denktraditionen eingebunden" bliebe. Soziale Forderungen, wie die nach guter Arbeit und höheren Löhnen, werden durch nativistische und populistisch-rechtsradikale Gesellschaftsleistungsansprüche konterkariert. Vielmehr werden Eigenleistung und -verantwortung gefordert. Bei den im Untersuchungszeitraum vorgelegten Anträgen, die sich mit der grundlegenden Gestaltung des Sozialstaates beschäftigten, haben die AfD-Abgeordneten „fast immer gegen Anträge, die einen Erhalt oder Ausbau sozialstaatlicher Leistungen forderten und fast immer für solche, die sozialstaatliche Maßnahmen einschränken wollten, gestimmt".[34] Die Erfolge bei den Wahlen gerade bei den Arbeitenden – trotz einer Positionierung gegen die Arbeitenden – ist nicht alleine der Rhetorik geschuldet. Klaus Dörre benennt als eines der Motive, dass die „Arbeiterschaft" politisch marginalisiert werde. Statt eines solidarischen Miteinanders entstehe eine „ausgrenzende Solidarität"[35], so der Professor für Arbeits-, Industrie- und Wirtschaftssoziologie. Im Bundestag inszeniert sich die AfD auch nach 2021 stets als die „Partei der kleinen Leute", der „arbeitenden Bevölkerung" oder des „einfachen Volkes".

Mit einem Antrag vom 12. März 2024 griff die Fraktion ein weiteres Thema auf, dass ihrer Programmatik folgt. Sie befürchtet eine „linksextreme Unterwanderung" von Demokratie und Bildungsprojekten. Allein die starke Mobilisierung „gegen alles, was bürgerlich-konservativ oder liberal" sei, würde die vermeintliche Gefahr zeigen. Die Fraktion fordert von der Bundesregierung: „die wahrheitswidrige Behauptung, dass der Rechtsextremismus die größte Gefahr sei, nicht weiter zu propagieren".[36] In verschiedenen Landesparlamenten gehen die AfD-Fraktionen mit parlamentarischen Mitteln gezielt gegen zivilgesellschaftliche Projekt für Demokratie oder Integration vor, sowie gegen Protest gegen Rechtsextremismus.[37] Die Parlamente sind dabei nicht nur Bühne, sondern auch Beschäftigungsoption für die Destabilisierung.

Offiziell gilt für die AfD: „Personen, die Mitglied in einer extremistischen Organisation sind, können nicht Mitglieder der Partei sein." Dazu zählen NPD, Identitäre Bewegung, das verbotene Terrornetzwerk Combat 18 oder Thügida. Rund 250 rechtsextreme Parteien, Vereine und Organisationen stehen auf der sogenannten Unvereinbarkeitsliste der AfD. Der *Bayerische Rundfunk (BR)* recherchierte jedoch bis zum 13. März 2024 über 100 Mitarbeitende, die aus Strukturen kommen, die die Verfassungsschutzämter als rechtsextrem eingestuft haben.[38] Mehr als die Hälfte der AfD-Abgeordneten beschäftigen demokratiefeindliches Personal. Nach BR-Recherchen auch die Fraktionsvorsitzenden Tino Chrupalla und Alice Weidel. Nur drei Beispiele: John Hoewer, Mitarbeiter des rheinland-pfälzischen Bundestagsabgeordneten Sebastian Münzenmaier, ist eng mit dem rechtsextremen Verein *Ein Prozent* verwoben. Fotos und Videos, die dem BR vorliegen, zeigen den Burschenschaftler 2021 zudem in Berlin beim Kampfsport-Training im Umfeld der Partei *Die Heimat* (ehemals NPD) sowie bei handgreiflichen Auseinandersetzungen 2017 in einem Hörsaal der Universität Magdeburg. [39] Für den Parlamentarischen Geschäftsführer Bernd Baumann aus Hamburg ist Marie-Thérèse Kaiser tätig. Die umtriebige Influencerin aus Niedersachsen moderiert ein Videoformat, das Ein Prozent mitträgt. An der Gründung von Ein Prozent war auch *Compact*-Chefredakteur Jürgen Elsässer beteiligt. Das Amtsgericht Rotenburg verurteilte Kaiser, die für die AfD im Kreistag Rotenburg (Wümme) sitzt, 2023 zu einer Geldstrafe. In einem Onlineposting hatte sie Afghanen pauschal als Gruppenvergewaltiger bezeichnet. Vor dem

(33) „Islamistisches Bedrohungspotential sichtbar machen" auf: afdbundestag.de Zuletzt geprüft am 04.07.2024.

(34) Pühringer, Stephan; Beyer, Karl M.; Kronberger, Dominik (2021): Soziale Rhetorik, neoliberale Praxis – Eine Analyse der Wirtschafts- und Sozialpolitik der AfD. Otto-Brenner-Stiftung. Frankfurt am Main. S. 2.

(35) Dörre, Klaus: 'Stolz, Arbeiter:in zu sein!': Vom Aufbegehren der Vergessen. In: Quent, Matthias; Virchow, Fabian (Hg.) (2024): Rechtsextrem, das neue Normal. Piper Verlag. München. S. 62f.

(36) https://dserver.bundestag.de/btd/20/106/2010612.pdf Zuletzt geprüft am 04.07.2024.

(37) https://padoka.landtag.sachsen-anhalt.de/files/drs/wp8/drs/d3987aak.pdf, https://padoka.landtag.sachsen-anhalt.de/files/drs/wp8/drs/d4115aak.pdf und https://afd-fraktion-hamburg.de/kategorie/parlament/schriftliche-kleineanfragen/ 04.07.2024.

(38) „AfD im Bundestag beschäftigt mehr als 100 Rechtsextreme" auf: www.tagesschau.de Zuletzt geprüft am 07.06.2024.

(39) „AfD im Bundestag: Mehr als 100 rechtsextreme Mitarbeiter" auf: www.br.de Zuletzt geprüft am 02.05.2024.

(40) „Rotenburg: AfD-Kreistagsmitglied Marie-Thérèse Kaiser der Volksverhetzung schuldig gesprochen" auf: www.kreiszeitung.de Zuletzt geprüft am 02.05.2024. „Volksverhetzung auf Facebook" auf: www.taz.de. Zuletzt geprüft am 01.07.2024.

(41) „Ausflug zum Nazi-Erbe - Mit Kind und Kegel zur Kultstätte" auf: www.taz.de Zuletzt geprüft am 02.04.2024.

(42) „Geheimtreffen in Potsdam: AfD-" auf: www.correctiv.org Zuletzt geprüft am 03.05.2024.

(43) „Die AfD-Fraktion und ihre Mitarbeiter Hydra im Bundestag" auf: www.taz.de Zuletzt geprüft am 03.05.2024.

(44) „Coronaleugner im Bundestag Eingeschleuste Provokateure" auf: www.taz.de Zuletzt geprüft am 03.05.2024.

(45) Compact (08/2023): „Natürlich kann ich Kanzler."

(46) AfD: Antrag Antisemitismus durch Zuwanderung klar benennen und effektiv bekämpfen –Unterstützer von antisemitischem Terrorismus ausweisen. 07.11.2023.

Landgericht Verden scheiterte die AfD-Politikerin 2024 mit ihrer Berufung.[40] Einer der bekanntesten Fälle ist Mario Müller. Müller war führender deutscher Kader der Identitären Bewegung und Autor bei Compact. Sein Geld verdient er beim sachsen-anhaltinischen AfD-Bundestagsabgeordneten Jan Wenzel Schmidt. Vor Jahren beteiligte er sich an Gewaltaktionen der Autonomen Nationalisten. Müller scheut den Kontakt zu alten Kamerad:innen nicht. 2023 ging der wegen gefährlicher Körperverletzung mehrfach Verurteilte zusammen mit rechtsextremen Aktivist:innen von Die Heimat, der Kleinstpartei *Der III. Weg* und der verbotenen Jugendorganisation Heimattreue Deutsche Jugend in der Nähe von Bremen wandern.[41] Auch beim Potsdam-Treffen störte sich niemand an Müllers radikalem Hintergrund, vielmehr wurde er als Hardliner hofiert.[42]

Rechtsextreme bei der AfD-Bundestagsfraktion sind kein neues Phänomen. Schon während der 19. Legislaturperiode, der ersten AfD-Fraktion im Bundestag, deckte die *taz* 128 Personen aus solchen Strukturen auf.[43] Personalien wie die von Müller deuten auf Sicherheitsrisiken durch dieses Personal hin. Als Parlamentsmitarbeiter:innen haben sie nicht nur Zugang zu Räumen, sondern auch zu sensiblen Daten. Dass der Bundestag kein geschützter Raum ist, machte die AfD 2020 deutlich. Bei der Debatte zum Infektionsschutzgesetz konnten dank der Partei einige Pandemie-Leugner:innen in den Bundestag gelangen. Sie bedrängten anwesende Minister:innen und Abgeordnete.[44] Die ehemalige AfD-Bundestagsabgeordnete und Richterin Birgit Malsack-Winkemann führte als Mitglied des mutmaßlichen Untergrund-Netzwerkes um Prinz Reuß im August 2021 Mitverschwörer:innen durch das Parlament, die dort Flure und Räumlichkeiten fotografierten. In drei Großprozessen in Stuttgart, Frankfurt am Main und München müssen sich insgesamt 26 Angeklagte wegen des Vorwurfs verantworten, einen gewaltsamen Umsturz geplant zu haben. Sie sollen in Kauf genommen haben, dass Menschen sterben könnten. Die AfD hielt sich mit Distanzierungsbemühungen bisher zurück. Mit den gewährten Instrumenten der Demokratie forciert sie stetig die Delegitimierung des Verfassungsstaates.

2. KAPITEL

VERKLÄRUNG STATT KLARTEXT – FAKES STATT FAKTEN

Das Cover ist ein Eyecatcher. Die Titelseite der Compact ziert eine Montage mit Alice Weidel im Bikini-Oberteil und mit hippen Cocktail im Ananas-Becher. Keine böswillige Fotomontage, der Text zur Montage verrät journalistisches Wohlwollen: „Der AfD Sommer – Auf der blauen Welle ins Kanzleramt". Sprich: Sommer, Sonne, Alice, AfD. Die führende Frau der selbsternannten Alternative stellt im Interview mit Compact gleich fest: „Die CDU ist nicht Teil der Lösung, sondern Teil des Problems". Dieses CDU-Problem sah Weidel schon personifiziert in Angela Merkel. Für sie sei die Bundeskanzlerin eine „grüne Kanzlerin" gewesen. Unter „ihrer Herrschaft" wäre die CDU immer mehr nach „links und grün" gerückt. Ganz im üblichen Duktus der „Eliten"-Verächtlichmachung betonte sie: „Schauen sie sich diese ganze Regierungsriege mal an: nichts gelernt, nichts gearbeitet. Die haben ihre Ministerien mit Lobbyisten durchsetzt, die einfach nur Lobbyarbeit auf Kosten der Bevölkerung machen." Dabei könnte sie wohl an eine Verschwörung denken: „Ich glaube mittlerweile auch, dass das volle Absicht ist: Die Leute so dermaßen über den Tisch zu ziehen, damit sie eigentlich mit nichts anderem beschäftigt sind, als sich um ihre Existenz zu ängstigen und bloß keinen unabhängigen Gedanken mehr fassen können."[45] Unterstellungen und Verunglimpfungen politischer Gegner:innen, die so zu politischen Feind:innen gemacht werden. Fakes statt Fakten. AfD ganz normal. Verdrehungen und Verkürzungen gehören zur Rhetorik und Argumentation der Partei. Auch am 7. Oktober 2023.

Die AfD-Bundestagsfraktion reagierte am Tag des Terrorangriffs durch die islamistische Hamas auf Israel sehr schnell. Sie stellte den Antrag „Antisemitismus durch Zuwanderung klar benennen und effektiv bekämpfen – Unterstützer von antisemitischem Terrorismus ausweisen".[46] Die etwa 1.200 Menschen, welche die Hamas bei dem äußerst brutalen Überfall in Israel ermordete, die tausenden Verletzten und die etwa 240 entführten Geiseln missbraucht die Partei, um sich anti-antisemitisch zu inszenieren. Wenn die AfD in ihrem Antrag alleine den „importierten Antisemitismus" als „erstzunehmende wachsende Bedrohung für unser gesamtes westliches Wertesystem" ausmacht, dann suggeriert sie, dass die „Massenmigration" die alleinige Ursache dafür sei.[47] Bewusst werden die antisemitischen Ressentiments in der deutschen Mehrheitsgesellschaft ausgeblendet, die in einer langen Tradition bis nach Auschwitz führten. Dieses taktische Verhältnis zum Antisemitismus offenbart Marc Jongen. Am 30. Juni 2016 diskutierte der AfD-Bundestagsabgeordnete mit dem Mitgründer des Instituts für Staatspolitik (IfS),[48] Götz Kubitschek, über den Holocaust.[49] Auf der Homepage *sezession.net* ist die Diskussion mit Jongen zu finden. Der neu gewählte AfD-Europaabgeordnete sagte damals: „Ich möchte weiterhin die heuchlerischen politischen Instrumentalisierungen des Holocaust kritisieren können, ich möchte nicht schweigen müssen, wenn unsere Bundeskanzlerin die Torheit begeht, die Verteidigung des Staates Israel zur Staatsraison Deutschlands zu erklären." Klare Ansagen des völkischen Vordenkers Jongen.[50] Solche Debatten legen nahe, „wie tief verwurzelt antisemitisches Denken in der AfD ist", erklärt Samuel Salzborn. Der Sozialwissenschaftler und Antisemitismusbeauftragte des Landes Berlin schrieb 2017, dass die AfD zwar „programmatisch betrachtet bisher keine explizite antisemitische Partei" sei, sie wäre jedoch „fraglos eine Partei für Antisemit(inn)en".[51]

Diese Ambivalenz spiegeln der Bundestagsantrag der AfD sowie Jongens Aussage im Gespräch mit Kubitschek deutlich wider. Jongen gilt innerhalb der Partei als Intellektueller, der wegen seiner Assistenztätigkeit beim Philosophen Peter Sloterdijk auch als „Parteiphilosoph" wahrgenommen wird. Jongen sagt, dass ihn auf der einen Seite zwar „offenkundig judenfeindlichen Implikationen" stören, was ihn auf der anderen Seite aber nicht davon abhält, die Erinnerungspolitik als „Holocaustindustrie" zu bezeichnen und die Vergangenheit zu verzerren.[52] Durch die Verwendung des diffamierenden Begriffs „Holocaustindustrie" wird suggeriert, es gäbe nach 1945 eine Art Geschäft mit der Aufarbeitung und dem Gedenken an die massenhafte Vernichtung von Menschen im Nationalsozialismus. Den „Schuldkult" will die AfD brechen, eine ihrer zentralen Bestrebungen. 2018 beim Bundeskongress der Jungen Alternative in Seebach sagte der Ehrenvorsitzende der Bundespartei und Bundestagsfraktion Alexander Gauland: „Hitler und die Nazis sind nur ein Vogelschiss in über tausend Jahren erfolgreicher deutscher Geschichte."[53] Gaulands Subbotschaft: Von dieser Erinnerungsfixierung müsse sich gelöst werden. Der Strafgesetzbuch-Paragraf 130, der Holocaustleugnung seit dem alliierten Sieg über den Nationalsozialismus unter Strafe stellt, stört viele in der AfD. Björn Höckes Aussagen haben die Intention mehr als deutlich gemacht, als er von der „dämlichen Bewältigungspolitik" sprach und eine „erinnerungspolitische Wende um 180 Grad" forderte. Denn es gäbe „keine moralische Pflicht zur Selbstauflösung",[54] so Höcke. Dieses Vorgehen ist typisch für die AfD. Sie schult ihre Mitglieder entsprechend. Schon 2020 entwickelte die AfD Niedersachsen zwei Handlungsleitfäden für den internen Gebrauch. Die Intention: das Radikale moderat sagen. Die Verfasser des Leitfadens rieten deshalb, dass Aussagen wie etwa, dass das Demokratieprinzip in Deutschland abgeschafft werden soll, nicht fallen dürften. Ebenso rieten sie „Pauschalverurteilungen von Flüchtlingen als ‚Asylbetrüger'" zu unterlassen – daran wird sich weniger gehalten. Zwei andere Strategietipps empfehlen politische Gespräche „allenfalls mit engen Vertrauten" zu führen. Im Falle, dass verfassungsfeindliche Äußerungen bekannt werden, solle man wie folgt vorgehen: Einfach widersprechen, sich distanzieren und dokumentieren.[55]

Über die Sozialen Medien führt AfD-Spitzenpolitikerin Beatrix von Storch auch ihren Kampf gegen Abtreibung. In diesen Kreisen heißt diese Einschränkung der Selbstbestimmung der Frau „Lebensschutz". Via Kurznachrichtendienst X verbreitete sie, dass „[die] Abschaffung des Lebensschutzes" voranschreiten würde. Diese Abschaffung wäre am 10. April dieses Jahres durch „das Gesetz zur Kriminalisierung von Menschen, die vor Abtreibungsberatungsstelle beten" erneut befördert worden, schrieb die stellvertretende Bundestagsfraktionsvorsitzende auf dem Messengerdienst, wo zudem ihre Rede als Video gepostet ist.[56] In ihrer Logik hat die CDU das C – für christlich – längst gestrichen, da die Partei die „Ehe für alle" akzeptiert als auch beim „Lebensschutz" versagt hätte. Bereits 2015 erklärte sie bei einer Veranstaltung der Jungen Alternative in Hamburg, dass sie für die Demo für alle mitverantwortlich sei. Dieser Aufzug richtet sich gegen Bildungspläne, die die Diversität von Sexualität aufgreifen möchten.[57] Von Storch diffamierte im

(47) AfD: Antrag Antisemitismus durch Zuwanderung klar benennen und effektiv bekämpfen –Unterstützer von antisemitischem Terrorismus ausweisen, 07.11.2023.

(48) Das selbsternannte Institut kündigte im Mai 2024 seine Selbstauflösung an. Der Grund dürfte die Einordnung des IfS durch das Bundesamt für Verfassungsschutz als „gesichert rechtsextrem" sein. Kubitschek kündigt auf sezession.net an, unter dem Label „Menschenpark" weiterzumachen.

(49) „Das Institut für Staatspolitik ist Geschichte – warum?" www.sezession.de Zuletzt geprüft am 23.05.2024.

(50) „Der Fall Wolfgang Gedeon – ein Austausch zwischen Marc Jongen und Götz Kubitschek" auf: www.sezession.de Zuletzt geprüft am 07.05.2024.

(51) Salzborn, Samuel (2017): Angriff der Antidemokarten. Weinheim. Beltz Verlag. S. 110.

(52) „Der Fall Wolfgang Gedeon – ein Austausch zwischen Marc Jongen und Götz Kubitschek" auf: www.sezession.de Zuletzt geprüft am 07.05.2024.

(53) „"Vogelschiss in der Geschichte"" auf: www.dw.com/de Zuletzt geprüft am 08.05.2024.

(54) „Die Höcke-Rede von Dresden in Wortlaut-Auszügen" auf: www.zeit.de Zuletzt geprüft am 08.05.2024.

(55) „Niedersächsische AfD auf Rechtskurs Bitte unauffällig bleiben!" auf: www.taz.de Zuletzt geprüft am 08.05.2024.

(56) AfD: Beatrix von Storch: Die AfD-Fraktion und der Marsch für das Leben kämpfen für den Lebensschutz, Pressemitteilung, 17.09.2022. https://afdbundestag.de/beatrix-von-storch-die-afd-fraktion-und-der-marsch-fuer-das-leben-kaempfen-fuer-den-lebensschutz/. Zuletzt geprüft am 08.05.2024.

(57) www.queer.de/detail.php?article_id=23190. Zuletzt geprüft am 08.05.2024.

(58) https://x.com/Beatrix_vStorch/status/17764954373959 68435 und https://x.com/Beatrix_vStorch/status/178487 0623954550974. Zuletzt geprüft am 02.07.2024.

(59) https://www.youtube.com/@COMPACTTV. Zuletzt geprüft am 02.07.2024.

(60) „Reaktionen auf Compact-Verbot - AfD fühlt sich direkt betroffen" auf: www.taz.de Zuletzt geprüft am 02.07.2024.

April 2024 bei X Migranten und Geflüchtete als „Mädchen-Messerstecher", beklagt die demokratische „Willkommenskultur". Zudem behauptete sie, dass bei Straftaten die Namen „bei Syrern, Eritreern und Afghanen SYSTEMATISCH (Hervorhebung im Original) verschwiegen" würden.[58]

Moderne Technik – reaktionäre Ziele

Zuerst und *Compact* waren nicht die einzigen Magazine, in denen AfD-Politiker:innen unreflektiert zu Wort kamen, mal im Artikel, mal in einer Meldung oder auch im Interview. Beim Hochglanzmagazin Compact um Chefredakteur Jürgen Elsässer traten führenden Parteifunktionär:innen auch in dem Youtube-Format *Compact TV* auf. Bei *Compact im Gespräch* vom 2. Mai 2024 wehrte Maximilian Krah alle Spionagevorwürfe „exklusiv" ab – und erzielte bis zum 2. Juli 2024 129.311 Aufrufe. Gauland und Höcke waren auch Interviewpartner. Das Magazin hatte nach eigenen Angaben eine Auflage von 40.000, der Kanal Anfang Juli 2024 342.000 Abonnenten.[59] Am 16. Juli 2024 verbot das Bundesinnenministerium das Unternehmen Compact-Magazin GmbH inklusive der herausgegebenen Medien nach dem Vereinsgesetz wegen Verstoßes gegen die verfassungsgemäße Ordnung. Zur Begründung sagte Innenministerin Nancy Faeser: „Dieses Magazin hetzt auf unsägliche Weise gegen Jüdinnen und Juden, gegen Menschen mit Migrationsgeschichte und gegen unsere parlamentarische Demokratie." Chefredakteur Jürgen Elsässer hatte mehrmals zum Umsturz aufgerufen.[60] Am selben Tag beklagte die AfD, die unliebsame Medienvertreter:innen seit Jahren zum Beispiel von Parteitagen ausschließt, dass das Verbot eine „Verweigerung von Diskurs und Meinungsvielfalt" sei. Die Partei bekannte sich so indirekt zu dem offiziell als rechtsextrem eingestuften Mediennetzwerk, das neben der Publizität auch Konferenzen und Kundgebungen ausrichtete und mittrug.[61] Compact wollte 14 Jahre lang keine journalistische Ausgewogenheit für eine Diskussion anbieten. Es war mehr aggressive völkische Agitationsplattform als Medium, alleine die AfD Brandenburg plante für den Landtagswahlkampf 2024 mehr als ein Dutzend Veranstaltungen mit Compact. Für die Landespartei bedeutet es „deutliche Mehrausgaben", beklagte Spitzenkandidat Hans-Christoph Berndt.[62] Im Compact-Shop gab es unter anderem das Buch *Die 88 besten Fleischgerichte aus dem Reich* von Neonazi Tommy Frenck für 28,88 Euro oder den „Höcke-Taler" in Silber für 74,95 Euro zu erwerben.[63] Die ebenfalls aus dem völkischen Lager stammende *Zuerst – Deutsches Nachrichtenmagazin* wirkt szeneübergreifend und gilt als wichtiges Projekt für die PR der AfD. Nicht minder wichtig ist *Auf1*. Das digitale Fernsehangebot aus Österreich mit deutscher Dependence bietet AfD-Politiker:innen ein weiteres Forum. Der Gründer Stefan Magnet stammt aus der völkisch-nationalistischen Szene und beteiligte sich 2004 an einem NPD-Fest in Mücka.[64] Der *Deutschland-Kurier* um David Bendels wirkt als Lautsprecher der Partei. Er wurde 2017 als Magazin des AfD-nahen *Vereins zur Erhaltung der Rechtsstaatlichkeit und bürgerlichen Freiheiten* herausgegeben. Der Kurier bringt mittlerweile täglich online vermeintliche Nachrichten aus dem Spektrum der Partei. Die Partei selbst hat den digitalen Raum frühzeitig erobert. „Alternative Medien" zu schaffen, zählt zum strategischen Vorgehen. Bei Youtube läuft der Kanal *AfD TV*, den bis Mai 2024 264.000 Personen abonniert hatten. Kurzclips mit hoher Reichweite von AfD-Politiker:innen können hier mehrfach angeschaut werden.[65] Schon 2018 verkündete Weidel: „Unser ambitioniertes Fernziel ist es, dass die Deutschen irgendwann AfD und nicht ARD schauen."[66] Die Social-Media-Abteilung der AfD-Bundestagsfraktion mit einem eigenen „Newsroom" forciert die Strategie.

Digitale Kanäle werden zu Fake-Medien

Diese Onlinepräsenz flankieren Einzelauftritte von Mandats- und Funktionsträger:innen bei den Sozialen Medien, um ungefiltert Informationen und Positionen verbreiten zu können. Nur ein Vergleich zwischen den Fraktionsspitzen im Bundestag: Bei X hatte Weidel am 2. Juli 2024 409.572 Follower:innen, Friedrich Merz (CDU) 317.015, Heidi Reichinnek (Die Linke) 17.731, Katharina Dröge (Bündnis 90/Die Grünen) 15.953 und Christian Dürr (FDP) 14.891. Bei Tiktok ist die AfD insgesamt wesentlich stärker präsent. Weidel hatte dort 297.700 Follower:in-

> **Krah: ‚Wir haben allen Grund, stolz auf unser Land zu sein und auf die Menschen, die es aufgebaut haben.' Er fordert die Zuschauenden auf, herauszufinden, ‚was Oma, Opa oder Uroma alles gemacht haben, wo sie herkamen, was sie gekämpft und gelitten haben'. Stolz könne man sein**

nen, Merz nur 22.500.[67] Einzelne AfD-Kurzclips erzielen über 166.100 Likes und bewirken über 6.600 Kommentare. So erreicht und beeinflusst die AfD Teenager. Zum Star der AfD bei Tiktok wurde Maximilian Krah. Der Spitzenkandidat zur Europawahl 2024 erreichte mit dem Clip *Echte Männer sind rechts* bis zum 2. Februar 2024 alleine 1,4 Millionen Klicks. Er macht, was alle dort agierenden AfD-Politiker:innen machen: Sie bieten einen vermeintlich unpolitischen Mix zwischen alltäglichen Erlebnissen, privaten Momenten und thematischen Setzungen. Ihre politischen Aussagen erscheinen so weniger radikal. Dieser Trick greift selbst dann, wenn eine politische Message deutlich artikuliert wird. Im Clip *Unsere Vorfahren waren keine Verbrecher* sagt Krah: „Wir haben allen Grund, stolz auf unser Land zu sein und auf die Menschen, die es aufgebaut haben." Er fordert die Zuschauenden auf, herauszufinden, „was Oma, Opa oder Uroma alles gemacht haben, wo sie herkamen, was sie gekämpft und gelitten haben".[68] Stolz könne man sein. Der Clou: Der extreme Geschichtsrevisionismus wird nicht mit politischem Vokabular von Erinnerungspolitik und Gedenkkultur oder NS-Verbrechen und Holocaust formuliert. Diese Reizworte bleiben aus. Eine Umwegargumentation, die greift. Der Eindruck, es könnte jetzt gleich um Politik gehen, wird so auch mit einer sehr persönlich wirkenden Ansprache unterlaufen. Der Clip wird nicht gleich weggewischt. Bei Tiktok stehen in der Wahrnehmung so einfach Meinungen neben Meinungen. Für Krah hat der Social-Media-Experte Erik Ahrens gearbeitet. Er baute dessen Tiktok-Kanal auf. Ahrens selbst wurde in der Öffentlichkeit etwas bekannter, weil er forderte, dass deutsche Frauen zur Eizellenspende verpflichtet werden müssten, um die Demografie zu stabilisieren.[69] Bei der Sommerakademie 2023 des IfS stimmte Ahrens die Zuhörenden auf die Nutzung von Tiktok ein und hob die enorme Reichweite hervor. „So, wie man sich 1923 gefühlt haben muss, als man das Radio für sich entdeckt hat, so fühle ich mich, wenn ich mir meine Tiktok-Accounts anschaue", sagte Ahrens und betont ein strategisches Moment, denn die jeweiligen Sozialen Medien nutzen unterschiedliche User:innen, die dementsprechend angesprochen werden müssten.[70]

In Deutschland sind mehr als 20 Millionen Menschen bei Tiktok, insbesondere Heranwachsende. Ein enorm großes Publikum, das erreicht werden kann. Die Technik spielt den Akteur:innen zu. Denn die Kinder und Jugendlichen müssen die Clips gar nicht suchen. Tiktok zeigt alle on-

(61) „Verfassungsschutz zu „Compact" „Gesichert extremistisch"" auf: www.tagesschau.de Zuletzt geprüft am 11.05.2024.

(62) „AfD in Brandenburg erwartet finanzielle Einbußen durch „Compact"-Verbot" auf: www.rbb24.de Zuletzt geprüft am 02.07.2024.

(63) „Weidel im Bikini und Höcke-Gedenkmünze: Der absurde „Compact"-Onlineshop" auf: www.watson.de Zuletzt geprüft am 02.07.2024.

(64) https://www.endstation-rechts.de/news/national-befreite-zone. Zuletzt geprüft am 11.05.2024; Fotos von Magnet liegen vor.

(65) https://www.youtube.com/@AfDTV. Zuletzt geprüft am 11.05.2024.

(66) „Alice Weidel: «Unser ambitioniertes Fernziel ist es, dass die Deutschen irgendwann AfD und nicht ARD schauen.»" auf: www.nzz.ch Zuletzt geprüft am 02.07.2024.

(67) Stand bei TikTok vom 02.07.2024.

(68) https://www.tiktok.com/@maximilian_krah/video/7275621174724332832?lang=de-DE. Zuletzt geprüft am 02.07.2024.

line gestellten Videos vorab ausgewählt einer bestimmten Anzahl von Menschen. Wird der Clip angesehen oder kommentiert, wird er weiteren Menschen in die Timeline gespielt. „Die jungen User, die den teils extremen Charakter der Videos oft nicht auf Anhieb durchschauen, bekommen ähnliche Inhalte wieder vorgeschlagen. Und wieder. Und wieder. Exponentielles Wachstum ist so möglich",[71] fassen Kerstin Breinig und Tom Garus bei *tagesschau.de* die Funktionsweise zusammen. Die Technik verstärkt aus sich selbst heraus die Radikalisierungsdynamik, warnte 2019 bereits Julia Ebner in *Radikalisierungsmaschinen*.[72] Lange bevor Tiktok in Deutschland für alle Interessierten nutzbar war, waren die Sozialen Medien Thema bei einzelnen Rechtsextremen. Auf *Sezession* rief bereits 2017 Nils Wegner auf, Memes als „kognitive Waffen im Informationskrieg" gezielt einzusetzen. Wagner, der auch beim IfS mitwirkte, empfiehlt zudem, bei Memes Inhalte und Worte des „politischen Gegners" gezielt aufzugreifen und „umzudrehen": „Es braucht nur den Willen (...), um die vom politischen Gegner in die Welt gesetzten Schlagworte und Inhalte (...) emotional neu aufzuladen und zum eigenen Vorteil einzusetzen."[73]

Diese digitale Falange hat die AfD nicht alleine aufgestellt. Sie wird flankiert von einzelnen Onlineaktivist:innen, die hochprofessionell agieren. Aus der Jungen Alternative nutzt die Landesvorsitzende Anna Leisten aus Brandenburg gerne Instagram – ganz privat, ganz persönlich. Zwischen Bildern von Getränken und Essen, Natur- und Einkaufsausflügen finden sich politische Botschaften. Eine Aufnahme von der Teilnahme bei einem Aufmarsch der rechtsextremen Identitären Bewegung oder eine Kachel mit ihr und der Botschaft: „Team #Remigration". Diesen Mix stimmt kein Mastermind ab, er ist dynamisch und demokratiefeindlich. Johannes Hillje weist 2024 auf einen grundsätzlichen Unterschied zu demokratischen Parteien hin: „Für eine demokratische Öffentlichkeit gilt der Grundsatz, dass Partei-PR und Journalismus zwei sich ergänzende Funktionen erfüllen", doch die AfD „sprenge" diese „notwendige Rollenverteilung: Sie will selbst ‚journalistisch' kommunizieren, ihre Öffentlichkeitsarbeit soll nicht Ergänzung, sondern Ersatz für unabhängige Medien sein." Dieses Verständnis von Pressefreiheit und PR-Arbeit erinnert an Propaganda, die Fakes, Falschinformationen und Feindbilder verbreitet.[74]

(69) „Rechtsextreme bei TikTok - Mit einem Swipe in den Köpfen der Jugendlichen" auf: www.tagesschau.de Zuletzt geprüft am 02.07.2024.

(70) https://www.youtube.com/watch?v=kDvSZL_nptQ. Zuletzt geprüft am 02.07.2024.

(71) "Rechtsextreme bei TikTok - Mit einem Swipe in den Köpfen der Jugendlichen" auf: www.tagesschau.de Zuletzt geprüft am 02.07.2024.

(72) Ebner, Julia (2019): Radikalisierungsmaschinen. Berlin. Suhrkamp Verlag. S. 22.

(73) „Meme: kognitive Biowaffen im Informationskrieg?" auf: www.sezession.de. Zuletzt geprüft am 11.05.2024.

(74) Hilllje, Johannes (2024): Die AfD als digitale Propagandapartei. In: Quent, Matthias; Virchow, Fabian (Hg.): Rechtsextrem, das neue Normal? München. Piper Verlag. S. 178; 187.

AfD ist gesichert rechtsextrem
(Landesverbände)

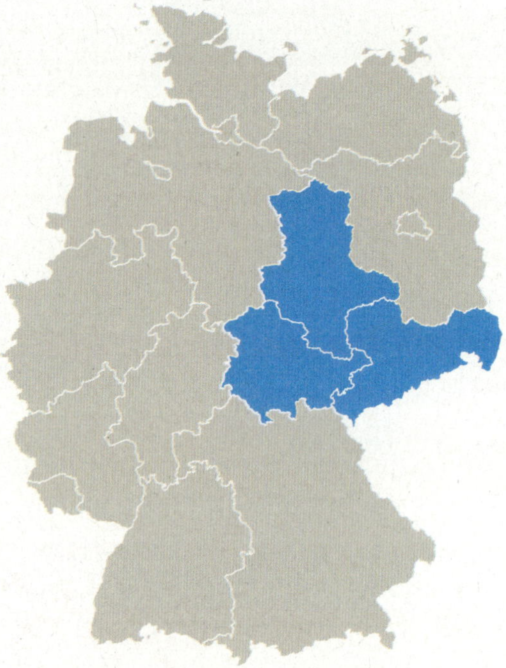

AfD ist gesichert rechtsextrem
(Jugendverband JA)

AfD ist rechtsextremer Verdachtsfall

(Landesverbände)

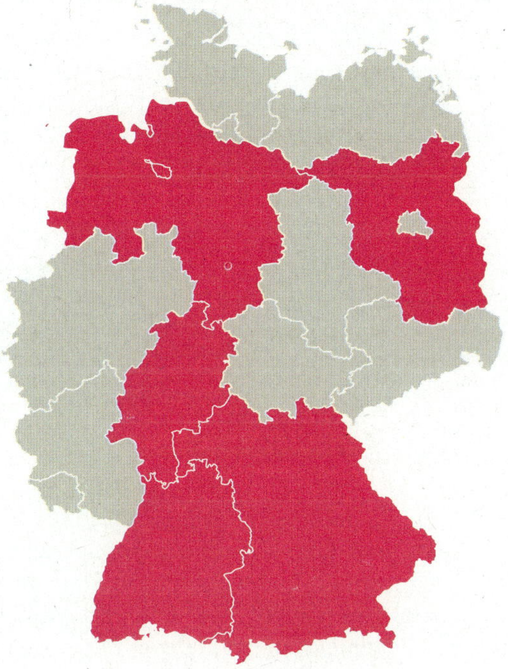

AfD kooperiert mit der NPD

(heute *Die Heimat*)

AfD ist rechtsextremer Verdachtsfall

(Bundesverband)

AfD hat in Umfragen unter 20 Prozent

(aktuellste Umfrage)

3. KAPITEL

AUTORITÄRE SEHNSÜCHTE: RADIKALE STRATEGIEN FÜR EINEN RECHTEN STIMMUNGSWECHSEL

In Magdeburg war Maximilian Krah der Star der Partei. Die rund 600 Delegierten der AfD kürten den Dresdener Politiker auf dem Bundesparteitag vom 28. bis 30. Juli 2023 zu ihrem Spitzenkandidaten für die Europawahl. In der sachsen-anhaltinischen Landeshauptstadt konnte sich erneut ein Mann aus der offiziell rechtsextremen Strömung des Ex-*Flügels* durchsetzen. Die Bundesspitze um Alice Weidel und Tino Chruppala intervenierte in der Öffentlichkeit nicht – weder vor noch während des Parteitages. Auch aus der gesamten Partei war kaum Widerspruch zu vernehmen. Der thüringische Landtagsfraktions- und Landesvorsitzende Björn Höcke gab letztlich auf dem Delegiertenparteitag auch die Ausrichtung des Europawahlkampfs 2024 vor: „Diese EU muss sterben, damit das wahre Europa leben kann",[75] sagte Höcke im Interview mit *Phoenix*.

Höckes bewusst gewählt Semantik verdeutlicht die Intention. Die Bedeutung von Demokratie und europäischem Denken soll sich im Sinne von Homogenitäts- und Autoritätsstreben verändern. Der führende Kader der Identitären Bewegung Martin Sellner fordert in seinem Buch *Regime Change von rechts* eine „anschlussfähige Provokation". „Der Rahmen des Sagbaren muss durch quantitative und qualitative Steigerung ständig erweitert werden. Dabei muss die Opposition aber stets anschlussfähig bleiben und darf nicht in selbstgefälligen Extremismus kippen."[76] Diese Intention Höckes und Krahs wird von einer starken internen Parteiströmung mitgetragen. Der sogenannte Flügel wurde 2015 gegründet und im März 2020 vom Bundesamt für Verfassungsschutz (BfV) als „gesichert rechtsextremistische Bestrebung gegen die freiheitliche demokratische Grundordnung" eingestuft.[77] Auf Druck des Bundesvorstandes löste sich das Netzwerk um Höcke formal auf. Der Vorstand hatte damals die Sorge, dass die gesamte Partei vom BfV beobachtet werden könnte. Die Struktur verschwand, Personal und politischer Einfluss blieben.[78] Keine andere Strömung in der Partei prägte sie so von innen. Die Flügel-Anhängerschaft erfuhr Unterstützung aus dem Institut für Staatspolitik. Bei diesem rechtsextremen Netzwerk sind Höcke und Krah gern gesehene Gäste. Im *Antaios-Verlag* von Götz Kubitschek erschien 2023 Krahs Manifest *Politik von rechts*. Der AfD-Ehrenvorsitzende Alexander Gauland schrieb das Vorwort. Krah sagt von sich selbst in der *Zuerst!*, „Ich bin ein Wolf im Wolfspelz."[79] Die Positionen und Argumentation sind nicht bloß Ideen oder Gedankenspiele. Mit dem Werk greift er westliche Wertvorstellungen fundamental an. Ihn freut, dass die „absolute Dominanz westlich-liberaler Ordnungsvorstellungen" schwinde, da die „ökonomische, kulturelle und politische Macht des Westens erodiert".[80]

Der „russische (...) Einmarsch in die Ukraine" sei „ein Fanal: die offene Infragestellung der Weltordnung, wie sie sich nach Ende des Kalten Krieges entwickelt hat, und des Völkerrechts, das allgemein anerkannt ist." Diese neue Weltordnung skizziert Krah: „Der Gegensatz besteht somit zwischen einer unipolaren Welt im Sinne des globalisierten Westens samt seinem ‚Ende der Geschichte' und einer multipolaren Welt verschiedener Großräume, die sich selbst organisieren, regelmäßig durch angestammte Regionalmächte, und in die raumfremde Mächte nicht intervenieren dürfen."[81] Als fremde Macht im eigenen Raum erscheinen hier die Vereinigten Staaten. Die Idee der Besetzung des angestammten Lebensraums, der Bundesrepublik, durch die USA kann als Andeutung herausgelesen werden, die auch Reichsbürger:innen häufig verkünden. Einen Status quo zwischen den Nationen mit einem Interventionsverbot meint Krah aber nicht. Denn er schreibt zudem, dass die „kleinen Staaten (...) ohne die Unterstützung der USA nie den Konflikt wagen" würden. „Mit der stärksten Militärmacht der Welt im Rücken tun sie es aber und oft unfassbar eskalierend".[82] „In diesem Konflikt wird dann unter dem Stichwort der ‚nationalen Selbstbestimmung' dem kleinen Staat die Solidarität versichert und so die traditionelle Regionalmacht im eigenen geographischen und oft kulturell verbundenen Raum zurückgedrängt."[83] In dieser Logik führt Russland keinen Angriffskrieg, sondern einen Verteidigungskrieg. Eine Rückeroberung gegen raumfremde Mächte. Dementsprechend kritisiert Krah auch nicht

(75) „Thüringens AfD-Landesvorsitzender Björn Höcke: „Diese EU muss sterben, damit das wahre Europa leben kann"„ auf: www.phoenix.de- Zuletzt geprüft am 03.05.2024.

(76) Martin Sellner (2023): Regime Change von rechts. Verlag Antaios. S. 100.

(77) Im März 2022 erlaubte das Verwaltungsgericht Köln dem BfV den Flügel nur noch als Verdachtsfall einzustufen.

(78) „Beobachtung durch Verfassungsschutz Das ist der AfD-"Flügel"" auf: www.spiegel.de Zuletzt geprüft am 03.05.2024.

(79) Zuerst! Deutsches Nachrichtenmagazin: „Meine Waffe ist die Transparenz. Dezember 2023.

(80) Krah, Maximilian (2023): Politik von rechts. Schnellroda. Antaios Verlag. S. 110.

(81) Ebd. S. 119.

(82) Ebd. S. 127.

(83) Ebd.

die Politik Chinas gegenüber Taiwan.[84] Krah begrüßt letztlich das „Fanal" gegen den Westen – in der AfD keine Einzelmeinung.

Die Vorstellung von „raumfremden" Mächten geht auf den Staatsrechtler Carl Schmitt mit zurück. Carl Schmitt gehört zu dem Herrenkreis der Konservativen Revolution zwischen den beiden Weltkriegen 1918 und 1939, die äußerst radikal Demokratie, Parlamentarismus und Liberalismus vor allem publizistisch angriffen.[85] Schmitt rechtfertigte 1934 die Entmachtung der SA und die Ermordung der leitenden Funktionsträger. Bei dem angeblichen Putsch des SA-Führers Ernst Röhm gegen Adolf Hitler wurden extrem rechte Kritiker ebenso getötet. Bis zu 200 Personen sollen bei der „Röhm-Affäre" ermordet worden sein.[86] Schmitt schrieb im Schatten dieser Ermordungen: „Der Führer schützt das Recht vor dem schlimmsten Missbrauch, wenn er im Augenblick der Gefahr kraft seines Führertums als oberster Gerichtsherr unmittelbar Recht schafft."[87] In seiner Großraumtheorie ging Schmitt bereits von einer neuen, multipolaren Welt aus. Von Schmitt ausgehend, meinte Dimitrios Kisoudis im Oktober 2022 in der Sezession, dass in einer multipolaren Weltordnung Europa einen von mehreren Großräumen bilden sollte. Nicht alleine die EU in ihrer jetzigen Form müsse dafür weichen, sondern vor allem die Nato, die nur „Vorwand zur Sicherung der US-Hegemonie über Europa" sei, schrieb der Referent der AfD-Bundestagsfraktion. Der Hegemon dieses neuen EU-Großraums muss nach Kisoudis Deutschland sein. Eine klare Vision. Mit dem Konzept der Multipolarität sind Krah und Kisoudis keine Solitäre in der AfD. Auf dem Parteitag in Magdeburg sprach Tino Chrupalla ebenso von einer „multipolaren Welt".[88] Kisoudis, der im Antaios-Verlag veröffentlichte, arbeitet bei Chrupalla. Im Interview mit dem *Deutschlandfunk* warf Chrupalla am 15. April 2023 der Bundesregierung vor, sich zu stark für Taiwan zu engagieren, statt besser mit China zu kooperieren.[89]

Der AfD-Bundestagsfraktionsvorsitzende und Bundessprecher betonte in Magdeburg, was Krah in seinem „Manifest" deutlich radikaler ausführt. Chrupalla sagte, dass Europa „einseitige Abhängigkeiten abstreifen" müsse, um sich auf die eigene Stärke zu besinnen – „oder Europa bleibt in Gänze ein Anhängsel des Westens".[90] Mit der „Abhängigkeit" sind jedoch nicht alleine militärische Bündnisse oder politische Verbindungen gemeint, sondern auch gemeinsame Wertvorstellungen und ausformulierte Rechte.

Diese Ablehnung klingt an, wenn Krah ausführt, dass „Globalismus (...) ‚identitätslos'" sei. „Herkunft, Tradition, Abstammung, Volk, Religion dürfen keine Rolle mehr spielen, ja, sie belasten das Projekt sogar", schreibt er. Und weiter: „Deshalb führt der Globalismus zur Zerstörung von Tradition und Natur, statt zweier biologischer Geschlechter soll es 52 konstruierte geben, statt kultureller Homogenität Multikulti, statt Mutter-Vater-Kinder-Familien Leihmutterschaft, Genmanipulation und Transhumanismus. Das Symbol dafür ist die Regenbogenfahne, die längst das Sternenbanner abgelöst hat."[91]

Die Westverbindungen stellt Krah mit dem Bezug zur Regenbogenfahne folglich als Angriff einer fremden „Woke"-Kultur gegen die eigene Identität dar. Hier werden nicht bloß die historisch gewachsenen Allianzen mit den Vereinigten Staaten und Frankreich, der Europäischen Union und der Nato verneint. Hier wird auch die aus dem Westen inspirierte Idee der Aufklärung verbunden mit der Hoffnung auf Freiheit, Gleichheit und Geschwisterlichkeit abgewehrt. Diversität und Liberalität werden als volks- und vaterlandszersetzend angefeindet. Diese Argumentation forcierte Höcke schon bei seiner Rede am 3. Oktober 2022 in Gera. Vor 700 Gästen erklärte er am Tag der Deutschen Einheit: „Das deutsche Volk steht an einer historischen Wegmarke. (...) Wenn ich mich jetzt für das deutsche Volk entscheiden müsste zwischen dem Regenbogen- Imperium, (...) zwischen dem globalistischen Westen (...) oder dem traditionellen Osten, ich wählte in dieser Lage den Osten!"[92] Zuvor fragte er rhetorisch, warum westliche Politiker und Medien immer auf Russland und Ungarn „hacken" würden? Er antwortete selbst: „Liegt es vielleicht daran, dass ein Viktor Orbán sein ungarisches Volk verteidigt, ebenso die Ehe zwischen Mann und Frau, und die kinderreiche Familie zum Grundstein und zum Fundament von Volk und der Nation erklärt? Liegt es vielleicht daran, dass Russland (...) den Glauben für etwas ansieht, das fundamental zur inneren Gesundheit eines Volkes dazugehört? Oder liegt es vielleicht daran, dass sich diese Länder und ihre Staatslenker gegen die Veralberung der Tradition und Geschichte entschieden haben, gegen die ungebremste Einwanderung, gegen die Transformation ihrer Völker in eine gesichtslose Masse von perfekt durchmaterialisierten Konsumfaschisten?"[93] Höcke geht in der Rede nicht alleine hinter das Versprechen der Aufklärung zurück, er wendet sich ebenso von Demokratie und Parlamentarismus ab, wenn er sich Autori-

(84) Der Spiegel: Alternative gegen Deutschland, 24.04.2024.

(85) Siehe: Breuer, Stephan (1993): Anatomie der Konservativen Revolution. Darmstadt. Wissenschaftliche Buchgesellschaft. Oder: Weiß, Volker (2017): Die Autoritäre Revolte. Die Neue Rechte und der Untergang des Abendlandes. Stuttgart. Klett-Cotta.

(86) Kershaw, Ian (1998): Hitler. 1889-1936. Band 1. Stuttgart. S. 650.

(87) Schmitt, Carl (1934): Der Führer schafft das Recht. Deutschen Juristen-Zeitung. 39. Jahrgang.

(88) „AfD-ParteitagVon neuer Harmonie und Machtanspruch" auf: www.tagesschau.de Zuletzt geprüft am 05.05.2024.

(89) „China-Taiwan-Konflikt AfD-Chef Chrupalla: Deutschland und Europa müssen um Neutralität bemüht sein" auf: www.deutschlandfunk.de Zuletzt geprüft am 05.05.2024.

(90) „AfD-Parteitag - Von neuer Harmonie und Machtanspruch" auf: www.tagesschau.de Zuletzt geprüft am 07.05.2024.

(91) Krah, Maximilian (2023): Politik von rechts. Schnellroda. Antaios Verlag. S. 100, 113, 115.

(92) Höcke, Björn (2022): Rede am 3. Oktober 2022 in Gera. Transkript.

(93) Ebd.

(94) Ebd.

(95) Hillje, Johannes (2018): Propaganda 4.0 – Wie rechte Populisten Politik machen. Bonn Verlag J.H.W. Dietz. S. 36.

(96) Schmitt, Carl (1991/1932): Der Begriff des Politischen. Berlin. S. 55f.

(97) AfD: Europawahlprogramm 2024. Magdeburg, beschlossen am 29. bis 30. Juli und 4. bis 6. August 2023. S. 8.

(98) Ebd.

(99) Schmitt, Carl (1991/1932): Der Begriff des Politischen. Berlin. S. 26f.

(100) Schmitt, Carl (1923): Die geistige Lage des heutigen Parlamentarismus. S. 14.

(101) Di Cesare, Donnatella (2016): Heidegger, die Juden, die Shoa. Heidegger Forum. Band 12. Frankfurt am Main. Vittorio Klostermann. S. 8.

tarismus und Autokratien zuwendet. Die Rede endet prompt mit einem Appell: „Unser Kampf ist ein gerechter Kampf für ein gerechtes Ziel. Wir halten durch, wir kämpfen zusammen. (…) Es lebe unsere Heimat Thüringen, es lebe unser deutsches Vaterland, es lebe das wahre Europa."[94] Mit diesen einschlägigen Positionen erfahren Höcke und Krah großen Zuspruch in der Partei.

Normalisierung gefährlicher Sprache

Kam Kritik an einem Parteimitglied wegen zu radikaler Formulierungen auf, bemüht sich ein anderes Parteimitglied diese Position wieder zu relativieren. Im Diskurs wird so der Eindruck vermittelt, es gäbe in der AfD intern eine gemäßigte Opposition. Beispiele für so einen Normalisierungsdiskurs gefährlicher Aussagen sind unter anderem die Behauptung, dass das „zentrale Projekt der ‚Volksverderber' der ‚Bevölkerungsaustausch' beziehungsweise die ‚Umvolkung' der ‚Biodeutschen'" sei. Dieser Bevölkerungsaustausch soll durch eine „‚Asylflut' erreicht werden", der wiederum von der „gelenkten ‚Lügenpresse' publizistisch legitimiert und von ‚grün-links versifften' ‚Gutmenschen' beklatscht" würde.[95] Im 51 Seiten starken *Europawahlprogramm 2024* schlug die AfD jedoch moderatere Töne an, um die extremistischen Botschaften zu verharmlosen. Im Grundsatzprogramm ist der Ton nicht minder gedämpft. Die extremen Töne erfolgen im Wahlkampf von der Bühne je nach Publikum ausgerichtet. Der Prozess der Normalisierung des Radikalen spiegelt sich längst in Talkshows oder Interviews. Diese Partei treibt an, was schon für Carl Schmitt das zentrale Problem war: die Negation der universellen Menschenrechte. Denn in „dieser universellen Gesellschaft wird es dann keine Völker als politische Einheit" mehr geben. Auch weil diese Idee die „reale Möglichkeit des Kampfes" ausschließe, sodass „jede Freund- und Feindgruppierung unmöglich geworden" sei. „Wer Menschheit sagt, will betrügen",[96] so Schmitt. Denn der Begriff sei universal, eine Verallgemeinerung, in der das Individuelle verlogen ginge. Auf dieser Basis beruht das Programm statt universeller Menschenrechte, auf völkischem Nationalismus.

Die AfD führt in der Präambel zum Europawahlprogramm unter „Europa neu denken" aus, dass sie sich seit ihrer Gründung für ein „Europa der Vaterländer" starkmache, einem „Bund europäischer Nationen". Nicht bloß weil sie denkt, dass die Europäische Union nicht reformierbar sei. Die EU macht sie für die Zerstörung der „Souveränität der Nationalstaaten" verantwortlich. „Die ‚tragenden Eliten" der EU würden einen „EU-Superstaat" anstreben. „Ein solches Gebilde verfügt weder über ein Staatsvolk noch über das erforderliche Mindestmaß an kultureller Identität",[97] schreibt die AfD. Die „Grenzen müssen wieder als das verstanden werden, was sie" seien, betont die Partei: „als Schutz vor Angriff und Vereinnahmung, als Unterscheidung von Eigenem und Fremden, als Voraussetzung für souveräne Staatlichkeit."[98] Diese Unterscheidung erinnert erneut an Schmitt und spielt auf die implizierte Trennung des Eigenen und Fremden an. „Die spezifisch politische Unterscheidung, auf welche sich die politischen Handlungen und Motive zurückführen lassen, ist die Unterscheidung von Freund und Feind", schrieb Schmitt 1932. Denn nur so könne zwischen „Verbindung oder Trennung" unterschieden werden.[99] Schmitt offerierte ein fragwürdiges Verständnis von Demokratie, als er 1923 ausführte: „Zur Demokratie gehört also notwendig erstens Homogenität und zweitens – nötigenfalls – die Ausscheidung oder Vernichtung des Heterogenen (…). Die politische Kraft einer Demokratie zeigt sich darin, dass sie das Fremde und Ungleiche, das die Homogenität Bedrohende zu besiegen oder fernzuhalten hat."[100]

Mit diesen Positionen ist Schmitt einer Referenzgröße für die AfD. Er gehört zum antidemokratischen Kanon dieses Milieus, von dem die AfD nicht nur ihre Volks- und Demokratievorstellungen ableitet, sondern auch ihre Remigrationspläne. Denn Höcke und Krah beziehen sich auf den Staatsrechtler, der auch antisemitisch über Juden und Judentum schrieb.[101] Die Präsenz der „Remigrationsideen" in der AfD spiegelte sich in Magdeburg bei der Kandidatur von Michael Schumann für die Europawahl wider. Der parlamentarische Mitarbeiter der Hamburger AfD-Bürgerschaftsfraktion sagte von sich, Teil der „letzten Generation (…) junger Europäer" zu sein, die sich nicht gefallen lassen wollen, eine „Minderheit im eigenen Land" zu werden. Er beklagt, was schon die NPD beklagte, einen drohenden Volkstod. Die Rettung, führte er weiter aus, sei die Rückführung, um die „europäische Völkerfamilie, das deutsche Volk" zu schützen. Die „Ersetzungsmigration" sei „keine Verschwörungstheorie", betonte er. Einwanderung bedeute kein Wochenende ohne „Messerstecherei, Schießerei und Vergewaltigung". Er forderte, dass Airbus „Pläne für die Remigrationsflotte" vorlegen müsse. Die Rückführung sei nötig, um die „europäische Völkerfamilie, das deutsche Volk" zu schützen.[102] Schumann mag für die Öffentlichkeit ein Nobody sein, in der Partei ist er es nicht. Der Kandidat ist mehr als exemplarisch für die AfD, die ihr Personal auch aus politisch gefestigten nationalistischen Bünden zieht. So ist er nicht nur Mitglied der Jungen Alternative, die das Bundesamt für Verfassungsschutz als eindeutig rechtsextremistisch eingestuft hat, sondern aktives Mitglied der Landsmannschaft Mecklenburgia Rostock. Diese galt schon 1993 intern für den Hamburger Geheimdienst als „zumindest rechtsextremistisch beeinflusst".[103] Der Hamburger Fraktionschef Dirk Nockemann distanzierte sich im *NDR* nicht von Schumanns Aussage, dass in „Frankreich ein Kalifat ausgerufen wird".[104] Warum auch? Von der kommunalen bis zur europäischen Ebene ist die Remigration für die AfD eine der zentralen Forderungen, „um Volk und Vaterland" zu schützen. Im Entwurf des Kommunalprogramms zur Wahl in Mecklenburg-Vorpommern 2024 fordert die AfD, die „Einwanderung in unsere Sozialsysteme" zu stoppen. Sie will einen grundsätzlichen „Aufnahmestopp" und zudem einen „eigenen Rückführungsbeauftragten" in den Landkreisen und kreisfreien Städten.[105] Bereits im Programm der AfD zur Europawahl stand: „Nicht ‚Resettlement', also Umsiedlungsprogramme nach Europa, sind das Gebot der Stunde, sondern das Gegenteil: Auf nationaler und europäischer Ebene müssen Remigrationsprogramme auf- und ausgebaut werden."[106]

(102) „Europa-Kandidat der Hamburger AfD Linientreu rechtsextrem" auf: www.taz.de Zuletzt geprüft am 06.05.2024.

(103) „Alte Herren im Verteidigungsministerium „Rechtsextremistisch beeinflusst"„ auf: www.taz.de Zuletzt geprüft am 04.07.2024.

(104) „Europa-Kandidat der Hamburger AfD Linientreu rechtsextrem" auf: www.taz.de Zuletzt geprüft am 06.05.2024.

(105) AfD Mecklenburg-Vorpommern (2024): Leitlinien für eine alternative Kommunalpolitik. Neubrandenburg. S. 13, 14.

(106) Europawahlprogramm der AfD 2024. Magdeburg, beschlossen am 29. bis 30. Juli und 4. bis 6. August 2023. S. 17.

4. KAPITEL

EINE PARTEI VOLLER „GANOVEN"?

Tino Chrupalla sitzt zur besten Sendezeit im ARD-Talk *Caren Miosga*. Miosga geht auffällig pfleglich mit dem politischen Hardliner um. Der Parteichef der AfD fühlt sich offenbar unbeschwert, als er „in erfrischend naiver Manier"[107] auf die Frage antwortet, was die Vorteile des Bargelds seien: „Dass man unkontrolliert Dinge bezahlen kann, ohne dass jemand weiß, was man getan hat." Der Kabarettist Florian Schröder witzelt am nächsten Tag in der taz: „Das ist das Sympathische an der AfD: die unverstellte Ehrlichkeit. Man weiß einfach, woran man bei ihr ist."[108] In Zeiten von Spionage- und Korruptionsvorwürfen gegen die AfD ploppt bei einem Antrag der Bundestagsfraktion ebenso Ironie auf. Der Antrag lautet: *Bargeld ist gedruckte Freiheit (19/26904)* – angelehnt an Fjodor Dostojewskis Satz „Geld ist gedruckte Freiheit". Die Einführung eines „nationalen Bildungsprogramms" solle der „fehlenden Aufklärung im Umgang mit den eigenen Finanzen entgegenwirken"[109] heißt es.

Lupenreine Demokraten wollen sie sein, ehrlicher als alle anderen Parteien. Die AfD verspricht viel und gibt sich aufklärerisch. Slogans wie „Korruption bekämpfen" vermitteln den Eindruck, Deutschland versinke im mafiösen Dickicht. Schuld daran sind „die da oben". In der Realität tritt die AfD aber eher nach unten. Das AfD-Programm ist für Reiche, nicht für Marginalisierte. „Abzocke" wird bei denen gesehen, die ohnehin wenig haben: Geflüchtete und Bürgergeld-Empfänger:innen. Der AfD-Mitbegründer Konrad Adam mokierte sich 2006 in einer Kolumne in der Tageszeitung *Die Welt* darüber, dass die Politik „zugunsten der Zuwendungsempfänger kippen" könnte. Entsprechend spielte Adam, der die Partei im Zorn verließ, mit dem Gedanken, wie es wäre, „Inaktiven und Versorgungsempfängern" – unter anderem Rentner:innen und Arbeitslosen – das Wahlrecht abzuerkennen.[110] Die AfD-Führung hat sich immer wieder gehäutet, sich von Mittelmaß und Anpassung verabschiedet. „An die Stelle der Professoren aus der Gründungsphase traten häufig freie Unternehmensberater, die radikale Positionen zu Markt und Nation in sich vereinen",[111] erklärt Historiker Volker Weiß. „Mit dieser Abkopplung der Staatsdiener hat sich die AfD heute frühzeitig auf mögliche Behördenmaßnahmen eingestellt und zugleich inhaltlich schärfer ausgerichtet." Die AfD will sich nicht an Spielregeln halten, sondern eigene schaffen.[112]

(107) „AfD-Verbindungen zu Russland und China - Kein rechter Pfad" auf: www.taz.de Zuletzt geprüft am 30.05.2024.

(108) Ebd.

(109) „AfD und FDP scheitern mit Initiativen zur Zukunft des Bargelds" auf:www.bundestag.de. Zuletzt geprüft am 30.05.2024.

(110) „Wer soll wählen?" auf: www.welt.de Zuletzt geprüft am 02.06.2024.

(111) „Aufstieg der AfD - Wieder was gelernt, Herr Höcke" auf: www.sueddeutsche.de- Zuletzt geprüft am 02.06.2024.

(112) „Analyse – Warum die AfD aktuell so erfolgreich ist" auf: www.moritz-kirchner.de Zuletzt geprüft am 02.06.2024.

(113) Pittelkow, Sebastian; Riedel, Katja (2022): Rechts unten. Die AfD: Intrigen, heimliche Herrscher und die Macht der Geldgeber. Hamburg. Rohwolt. S. 11.

(114) „Trotz jüngster Skandale - AfD zählt mehr Mitglieder" auf: www.tagesschau.de und Aussagen beim Bundesparteitag der AfD in Essen im Juni 2024.

(115) „Gegen diese Abgeordneten laufen Ermittlungs- oder Gerichtsverfahren" auf: www.abgeordnetenwatch.de Zuletzt geprüft am 15.04.2024.

(116) „Glücksritter Kay-Uwe Ziegler" auf: www.nd-aktuell.de Zuletzt geprüft am 15.04.2024.

(117)"Richter erlässt Haftbefehl gegen Schönebecker AfD-Stadtrat Steffen Baumann" auf: www.volksstimme.de Zuletzt geprüft am 14.05.2024.

(118) „Erneuter Betrugsverdacht gegen AfD-Politiker Jozef Rakicky" auf: www.ndr.de Zuletzt geprüft am 14.05.2024.

(119) „Weidels AfD-Kreisverband bezahlte umstrittenen Berater" auf: www.spiegel.de-Zuletzt geprüft am 14.05.2024.

(120) www.gwi-boell.de/sites/default/files/weiterdenken_afd_auflage3.2_digital.pdf. Zuletzt geprüft am 18.04.2024.

(121) Deutscher Gewerkschaftsbund (2018): AfD – Keine Alternative für Beschäftigte. S.13.

Laut dem Verein Lobbycontrol erhielt die AfD seit der Parteigründung 2013 über 5,5 Millionen Euro an Großspenden. Geld und Macht ziehen Glücksritter und Hasardeure an. Die Partei sei voller „Ganoven", sagte Parteimitbegründer Konrad Adam.[113] Seit ihrer Gründung 2013 ist die AfD von 7.000 Mitgliedern auf rund 48.000 Mitglieder 2024 angewachsen.[114] Gegen mindestens neun Bundestagsabgeordnete ist nach Recherchen von *abgeordnetenwatch.de* ein Gerichts-, ein Ermittlungs- oder ein Disziplinarverfahren anhängig.[115] In gleich mehreren Fällen geht es um den Verdacht der Bestechlichkeit, der Untreue oder um Verstöße gegen das Parteiengesetz. Wegen Subventionsbetruges für den unrechtmäßigen Bezug von Corona-Subventionen wurde jüngst der AfD-Bundestagsabgeordnete Kay-Uwe Ziegler erstinstanzlich vom Amtsgericht Dessau-Rosslau verurteilt. 12.000 Euro soll er sich demnach erschlichen haben.[116] Ziegler ist kein Einzelfall. Gegen das Mitglied des Schönebecker Stadtrates Steffen Baumann wurde im Mai Haftbefehl wegen gewerbsmäßigen Betrugs in 50 Fällen erlassen.[117] Chefarzt Jozef Rakicky war bis Anfang des Jahres Mitglied der niedersächsischen AfD-Landtagsfraktion. Nach Recherchen des NDR steht er im Verdacht, Geld im Kreistag Helmstedt falsch abgerechnet zu haben. Gegen ihn und die Abgeordnete Vanessa Behrendt wird in Braunschweig wegen gemeinschaftlichen Betrugs und Untreue ermittelt.[118] Thomas Rosspacher vom AfD-Kreisverband Stuttgart ist wegen Insolvenzverschleppung vorbestraft. Ein ehemaliger Berater von Alice Weidel, Friedel Opitz, wurde 2021 wegen Kreditbetrugs verurteilt. Er erhielt Geld von einem AfD-Wahlkampfkonto, auf dem auch illegale Spenden aus der Schweiz eingingen.[119] Eine Partei mit reinem Gewissen sieht anders aus.

Politik gegen Arme

Die AfD will regieren – mit einer Politik für die Vermögenden. Laut ihrem Grundsatzprogramm findet sie den Sozialstaat nicht wichtig: Sie will einen schlanken Staat, der sich auf vier Kerngebiete beschränkt: Sicherheit, Justiz, Auswärtige Beziehungen und Finanzverwaltung.[120] „Der viel zu mächtige, viel zu fette Staat hat viel zu viele Steuereinnahmen, aber auch zu viele Ausgaben", meint etwa der bayerische AfD-Bundestagsabgeordnete und stellvertretende Parteivorsitzende Peter Boehringer. Die Partei folgt der neoliberalen Logik einer umfassenden Privatisierung staatlicher Infrastruktur und der Zerschlagung gesetzlicher Sicherungssysteme, warnt der Deutsche Gewerkschaftsbund (DGB) in einer Informationsbroschüre mit dem Titel *AfD – Keine Alternative für Beschäftigte*.[121] Dabei hängt die AfD am Tropf des „Systems", das sie ablehnt. Es ist ausgerechnet diese Partei, die am intensivsten von staatlichen Geldern als Einnahmequelle lebt.[122] Wegen geringer Mitgliedsbeiträge machen die 10,4 Millionen Euro der staatlichen Parteienfinanzierung 44,9 Prozent ihrer Gesamteinnahmen aus. Der Rechenschaftsbericht des Deutschen Bundestags für das Jahr 2022 belegt diesen Prozentsatz. Sie hängt am Staatstropf – und bekämpft ihn ungeniert. Bei über 10,4 Millionen Euro an Steuergeldern besteht für die AfD auch die Möglichkeit, nahestehende Netzwerke indirekt zu unterstützen.[123] Eine Variante: die Beschäftigung von Rechtsextremist:innen aus Organisationszusammenhängen, die offiziell von der AfD als unvereinbar gelten.

Die Partei erhält zudem Spenden und Zuwendungen in Millionenhöhe. Die AfD ist „extrem neoliberal",[124] erklärt der Präsident des Deutschen Instituts für Wirtschaftsforschung (DIW), Michael Fratzscher. Fratzscher nennt es ein „bemerkenswertes Paradox", denn in einem Bericht weist das DIW darauf hin, dass Menschen, die die AfD unterstützen, auch am stärksten unter der AfD-Politik leiden würden. Hauptleidtragende seien demnach die eigenen Wähler:innen.[125] Die AfD schneidet zum Beispiel besser im Osten und in Wahlkreisen ab, in denen die Perspektivlosigkeit groß ist, die Chancen für junge Menschen gering sind und durch deren Abwanderung wichtige Infrastrukturen für Familien und Kinder – und damit auch für Unternehmen – schlechter werden oder verschwinden.[126]

Spendensumpf, Milliardärsfreunde und Crash-Propheten

Die AfD hat 2022 Spenden von Einzelpersonen in Höhe von 3,8 Millionen Euro bekommen. Das macht knapp 17 Prozent der Einnahmen aus.[127] Größter Einzelspender ist bislang Hartmut Issmer, ein Bauingenieur aus dem hessischen Erlensee, der der AfD im ersten Halbjahr 2023 265.000 Euro zukommen ließ. Er ist als Verschwörungsideologe und Antisemit öffentlich aufgetreten, wetterte gegen eine „linke Denkdiktatur", Volksverräter und fürchtete sich vor den „Weltherrschaftsplänen“ jüdischer Bankiers, wie das *Redaktionsnetzwerk Deutschland* berichtete.[128] Ein verstorbener Ingenieur und Erfinder aus Bückeburg vererbte der Partei einen millionenschweren Goldschatz im Wert zwischen zehn und vierzehn Millionen Euro. Der psychisch kranke Mann verbrannte sich 2018 auf einer Wiese. Die AfD muss um das Erbe fürchten, da ein Rechtsstreit um die Gültigkeit des Testaments läuft.[129]

Eine Schlappe musste die Partei 2023 in einem anderen Fall erleben, als das Oberverwaltungsgericht Berlin-Brandenburg ein Urteil gegen die AfD bestätigte und sie zur Strafzahlung eines Bußgeldes von 396.000 Euro verdonnerte. Zwei Schweizer Unternehmen hatten anonymes Geld an den Kreisverband Bodenseekreis, den Wahlkreis von Alice Weidel, transferiert.[130] Die Bundestagsverwaltung setzte Sanktionszahlungen in Höhe des dreifachen Spendenbetrages wegen Verstoß gegen das Parteiengesetz fest. Das private Vermögen der Parteichefin wird auf 1,2 Millionen Euro geschätzt. Sie lebt offiziell mit Hauptwohnsitz in Überlingen, doch seit 2017 soll sie auch im schweizerischen Biel gemeldet sein und Steuern zahlen.[131] Dort leben ihre Partnerin und die Kinder.[132] Die ehemalige Investmentbankerin Weidel bewegt sich in der Welt der Reichen. In Cannes an der Côte d’Azur traf sie sich in einem Nobelrestaurant mit dem Müller-Milch- und Landliebe-Milliardär Theo Müller. Der sprach gegenüber der *Neuen Zürcher Zeitung* von einer „Freundin“, die er schon lange kenne.[133] Sie wohne in der Nähe seiner Wahlheimat in der Schweiz und komme „öfters zu Besuch“. Er könne „nicht den geringsten Anhaltspunkt“ für eine NS-Ideologie bei der AfD finden, lässt sich Müller zitieren. Geld aber bekomme die AfD nicht von dem vermögenden Molkereibesitzer.[134] Bereits im Jahr 1989 hatte das österreichische Magazin *Wiener* darüber berichtet, dass Müller die extrem rechte Partei *Die Republikaner* mit hochdotierten Parteispenden unterstütze. Erfolglos versuchte der Unternehmer die Zeitschrift mit einer Unterlassungserklärung zum Schweigen zu bringen.[135]

2018 sorgte die hinter dem milliardenschweren Label Degussa stehende Bankiersfamilie von Finck für Aufmerksamkeit. Recherchen unter anderem des *Spiegels* ergaben, dass der 2021 verstorbene August von Finck „indirekt an der Konzeption einer AfD-nahen und im Wahlkampf hunderttausendfach verteilten Zeitung mitgewirkt sowie Veranstaltungen der AfD finanziert hatte und über eine seiner Firmen am lukrativen Goldhandel beteiligt gewesen war, mit der die Partei anfangs ihre Finanzen aufbesserte“.[136] Nach dem Tod des Patriarchen trennte sich Degussa Goldhandel 2022 von seinem Geschäftsführer Markus Krall, der als „Crash-Prophet“ und Autor von Büchern wie *Freiheit oder Untergang* und *Der Crash ist da* in Finanzkreisen bekannt wurde. Krall warb öffentlich für die AfD, zweifelte den menschengemachten Klimawandel an und kritisierte die Europäische Zentralbank wegen ihrer Niedrigzinspolitik als „Maschinenraum des Völkerselbstmordes“.[137] Im Dezember 2022 kam es bei Krall zu einer Hausdurchsuchung im Auftrag der Generalbundesanwaltschaft in Karlsruhe, welche die mutmaßlich terroristische „Reichsbürger“-Gruppe um Heinrich XIII. Prinz Reuß aushob. Krall kannte den Frankfurter Immobilienhändler seit Jahren, war sogar nach dem geplanten Umsturz als Finanzminister eingeplant. Er habe sich frühzeitig distanziert, heißt es in Kralls Aussagen bei der Staatsanwaltschaft. Kontakt zu umstürzlerischen Netzwerken zu haben, scheint auch in einer AfD-nahen Finanzszene kein Ausschlussgrund. Der „Kapitaltag“ im April 2024 in einem Business-Hotel in Hannover-Laatzen zeigte das nachdrücklich. Eingeladen hatten Professor Max Otte, Markus Krall und der emeritierte Hannoveraner Professor und „Querdenker“ Stefan Homburg. Mit dabei als Referent auch Alexander von Bismarck, der am geheimen Potsdam-Treffen teilnahm, auf dem über die „Remigration“ von deutschen Bürger:innen diskutiert wurde.[138] Die Teilnahmekosten beliefen sich auf einen Betrag zwischen 199 und 997 Euro. Rund 300 Menschen, die von Politikversagen, Crash und Anlagemöglichkeiten hören wollten, waren gekommen. Otte war in den Anfängen Vorsitzender der *Werteunion*, die als Verein der CDU nahestand. 2022 trat Otte für die AfD zur Wahl des Bundespräsidenten an.[139] Ein Jahr zuvor hatte Otte dem AfD-Kreisverband Görlitz von Tino Chrupalla 20.000 Euro gespendet.[140]

(122) „Staatliche Gelder größte Einnahmequelle der AfD“ auf: www.mdr.de Zuletzt geprüft am 15.07.2024.

(123) Deutscher Bundestag: Rechenschaftsbericht der Bundesparteien veröffentlicht. www.bundestag.de Zuletzt geprüft am 01.07.2024.

(124) „Neoliberale Mogelpackung: Warum sich die Wähler*innen der AfD selbst schaden“ auf: www.vorwaerts.de Zuletzt geprüft am 01.05.2024.

(125) „Das AfD-Paradox: Die Hauptleidtragenden der AfD-Politik wären ihre eigenen Wähler*innen“ auf: www.diw.de Zuletzt geprüft am 01.05.2024.

(126) Ebd.

(127) „Spenden bis zu 265.000 Euro: Wer sind die größten Geldgeber der AfD?“ auf: www.fr.de Zuletzt geprüft am 30.04.2024.

(128) „Hutbürger mit Geld – wer ist der dubiose AfD-Großspender?“ auf: www.rnd.de Zuletzt geprüft am 20.05.2024.

(129) „Der Toilettenmillionär, der Goldschatz und die AfD“ auf: www.belltower.new Zuletzt geprüft am 20.05.2024.

(130) „Strafzahlung für Weidel-Spende - Erneute Gerichtsschlappe für AfD“ www.tagesschau.de Zuletzt geprüft am 21.05.2024.

(131) „AfD-Spitzenkandidatin zahlt Steuern in der Schweiz“ auf: www.zeit.de Zuletzt geprüft am 21.05.2024.

In den Landesverfassungsschutzberichte genannte rechtsextreme Parteie

und parteinahe Jugendorganisatione
2023 (Hessen, Saarland und Thüringen 2022

Alternative für Deutschland → Junge Alternative (Jugendorganisation) → Der Flügel (Ex-Gruppierung in der AfD)

AfD

JUNGE ALTERNATIVE

Die Heimat → vormals NPD → Junge Nationalisten (Jugendorganisation)

HEIMAT!

NPD

JN

5. KAPITEL

KAMPF UM DIE KADER – VÖLKISCHE THINKTANKS UND DIE AFD

Wenn die „erweiterte patriotische Familie“[141] sich zu einer Ballnacht in der Wiener Hofburg trifft, dann fehlen deutsche Nationalist:innen nicht. Der „Akademikerball“ der Freiheitlichen Partei Österreichs (FPÖ) zog am 24. Februar 2024 auch den AfD-Bundestagsabgeordneten Markus Frohnmaier an. Dort traf er neben dem österreichischen Ex-Vizekanzler und FPÖ-Chef Heinz-Christian Strache ebenso auf Martin Sellner, den Kopf der rechtsextremen Identitären Bewegung, nebst Gattin. Im gehobenen Ambiente ließ sich herrlich plaudern. Da störte auch das Datum wenig, der Jahrestag des russischen Überfalls auf die gesamte Ukraine. Die von deutsch-nationalen Burschenschaften seit 1952 geprägte Wiener Veranstaltung gilt als wichtiger gesellschaftlicher Treffpunkt von Studentenschaften, gutsituiertem Bürgertum, Wirtschaft und Politik. Bei Glanz und Gloria ist das Private auch politisch. Sellner, im Frack mit roter Fliege und Burschenschaftsband, lobte diese „wunderbare Tradition“. In seinem Buch *Regime Change von rechts* schwärmt er: „Das elitäre Zugehörigkeitsgefühl speist die nötige Opferbereitschaft der vielen einzelnen, ohne die oppositionelle Parteien und Bewegungen nicht handlungsfähig sind.“[142]

Der Deutsche Markus Frohnmaier gab sich in Wien kurz angebunden, sagte im Vorübergehen in die ARD-Kamera, er treffe nur Demokraten, keine Burschen.[143] 2020 hatte AfD-Wehrexperte Rüdiger Lucassen am Ball teilgenommen und bei Facebook geschrieben: „Ein toller Abend mit viel Tradition und nationalem Stolz.“ 2019 reisten Enrico Komning (MdB) und Nikolaus Kramer (MdL) aus Mecklenburg-Vorpommern an. Komning schwärmte: „Erstmalig und lange geplant trafen wir auf viele bekannte Gesichter aus Deutschland und viele Korporierte aus der aktiven Studienzeit.“ Höhepunkt, so der parlamentarische Geschäftsführer der AfD-Bundestagsfraktion, sei für sie das kurze, aber sehr aufschlussreiche Gespräch mit Heinz-Christian Strache gewesen. Dessen damalige Partei, die FPÖ, war schon 2020 der AfD weit voraus, bei den Europawahlen 2024 wurde sie nun stärkste Kraft im Land. „HC“ Strache hatte schon im Alter von 15 Jahren die ersten Kontakte zu österreichischen Neonazis. 1989 nahm er an Wehrsportübungen der paramilitärischen Wiking-Jugend im hessischen Fulda teil.[144] Solch eine braune Vergangenheit stört unter Korporierten nicht. Komning ist „Alter Herr“[145] der Greifswalder Burschenschaft Rugia. Sie zählt zu den extrem rechten Verbindungen und soll laut Verfassungsschutz „die politischen und gesellschaftlichen Verhältnisse in Deutschland weitgehend ablehnen“. Bei der Rugia bestehen Überschneidungen zur Partei *Die Heimat* und zur völkischen Jungen Landsmannschaft Ostdeutschland (JLO, früher Landsmannschaft Ostpreußen).[146] Dort war auch der inzwischen verstorbene Holocaustleugner Rigolf Hennig „Alter Herr“.[147]

Komnings Begleiter in Wien ist Nikolaus Kramer, Vorsitzender der AfD-Landtagsfraktion in Schwerin und Mitglied der Berliner Burschenschaft Gothia, einer pflichtschlagenden Verbindung, zu deren prominentesten Mitgliedern der ehemalige Finanzsenator Peter Kurth (CDU) gehört.[148] Als Referenten wurden von Egon Bahr (SPD) bis zum Holocaustleugner Horst Mahler viele nach Berlin-Zehlendorf zu den Gothen eingeladen. Zeitweilig fand in dem Haus der „Staatspolitische Salon“ des rechtsextremen, damals noch existenten Instituts für Staatspolitik aus Schnellroda statt.[149] Ein gemeinsames Foto zeigte sie dann, die Blauen aus Deutschland und den Blauen aus Österreich: Komning, Kramer und Strache. Wien, Anfang 2019.[150] Arm in Arm,

(132) „AfD-Spitzenkandidatin zahlt Steuern in der Schweiz“ auf: www.zeit.de Zuletzt geprüft am 21.05.2024.

(133) „Der Fall Müller und die deutsche Wirtschaft: Die Forderung nach Anti-AfD-Bekenntnissen ist eine Frechheit“ auf: www.nzz.ch Zuletzt geprüft am 20.05.2024.

(134) „Molkerei-Milliardär mit AfD-Nähe - Warum der Müller-Chef in der Kritik steht“ auf: www.zdf.de Zuletzt geprüft am 22.05.2024.

(135) „Müllermilch bleibt rechts“ auf: www.fr.de Zuletzt geprüft am 22.04.2024.

(136) „Unternehmer und Parteienspender Milliardär August von Finck ist tot“ auf: www.spiegel.de Zuletzt geprüft am 22.04.2024.

(137) https://www.spiegel.de/wirtschaft/unternehmen/markus-krall-goldhaendlerdegussa-trennt-sich-von-umstrittenem-geschaeftsfuehrer-a-ce410590-74b4-464d-b786-dde4500f4fce. Zuletzt geprüft am 15.05.2024.

Der Dritte Weg → National Revolutionäre Jugend (Jugendorganisation)

Die Rechte

Neue Stärke Partei

Freie Sachsen (Sachsen)

„Junge Nationalisten“ (Saarland)

„Junge Nationalisten“ (Mecklenburg-Vorpommern)

(139) Die CDU schloss Max Otte daraufhin aus der Partei aus.

(140) „Wer finanziert die Alternative für Deutschland (AfD)?" auf: www.focus.de Zuletzt geprüft am 15.05.2024.

(141) „Report Mainz: Braune Burschenschaften - Das rechtsextreme Netzwerk der AfD" auf: www.ardmediathek.de Zuletzt geprüft am 15.07.2024.

(142) Martin Sellner (2023): Regime Change von rechts. Verlag Antaios. S. 214

(143) Ebd.

(144) „18. Jänner 2007 23:24 „Wehrsport-Übung - Nazi-Fotos belasten Strache" auf: www.web.archive.org 15.07.2024.

(145) Ein Alter Herr ist ein Mitglied einer Studentenverbindung nach Beendigung seiner Studien- und Aktivenzeit oder mit dem Eintritt ins Berufsleben.

(146) „Apfelfront gegen Rechts" auf: https://www.deutschlandfunk.de/ Zuletzt geprüft am 15.07.2024.

(147) „Wir veröffentlichen das Verfassungsschutz-Gutachten zur AfD" auf: www.netzpolitik.org und „Verfassungsschützer beobachten Schülerburschenschaft" auf: www.spiegel.de Zuletzt geprüft am 10.06.2024.

während draußen auf den Straßen Menschen wie jedes Jahr gegen den umstrittenen rechten „Akademikerball" laut demonstrierten. „Offiziell ist es der Ball der Wiener FPÖ, de facto ist es der Ball der völkischen Verbindungen, der Burschenschaften mit ‚deutschnationaler Grundlage'", erklärt Bernhard Weidinger vom Dokumentationsarchiv des österreichischen Widerstandes im Interview mit dem Sender *Puls 24*. Weidinger sagt, diese Verbindungen würden Österreich als „deutsches Land" ansehen, würden meinen, dass die Mehrheitsbevölkerung dem „deutschen Volk" angehöre.[151]

Der Wahn des Völkischen

Nationalsozialismus und heutiger Rechtsextremismus sind ohne die historische politische Vorarbeit völkischer Netzwerke wie nationalistischer Bünde, Gilden, Burschen- oder Landsmannschaften aus den 1920er-Jahren schwer denkbar. Nationalismus, Antisemitismus, straffe Hierarchien und getrenntgeschlechtliche Aktivitäten waren der Kitt zwischen rechts-bündischer und burschenschaftlicher Entwicklung, die immer eng miteinander verwoben ablief und in einer heterogenen Oppositionsbewegung gegen die moderne Demokratie mündete.[152] Viele der im Verborgenen agierenden Strukturen überlebten den Nationalsozialismus. Völkische Siedler:innen gründeten auf „deutscher Scholle" Rückzugsorte, Inseln des Deutschtums. Bereits vor der Gründung der AfD 2013 in Oberursel waren viele Parteimitglieder in nationalistischen Gruppierungen aktiv, die wenig unter dem Radar der Verfassungsschutzbehörden liefen und die ihnen bis heute neben der Parteiarbeit eine politische Heimat bieten. Deutschnationale Burschenschafter verstehen sich ebenso wie Rechtsbündische und Völkische als Angehörige eines jeweiligen „Lebensbundes", dem sie oft schon als junge Menschen Treue geschworen haben.[153]

Der völkische „Remigrations"-Netzwerker

Die Völkischen und Rechtsbündischen agieren gerne aus dem Hintergrund. Der Düsseldorfer Zahnarzt Gernot Mörig war Initiator des von Correctiv enthüllten „Remigrations"-Treffens in Potsdam. Szeneintern ist er kein Unbekannter, er organisiert seit den Achtzigerjahren einschlägige Vortragsveranstaltungen. Mörigs Düsseldorfer Forum tagte vor dem Potsdam-Treffen mindestens sechs Mal. Thinktanks im gemütlichen Ambiente sind ein altes Geschäft für Gernot Mörig. Bereits 2011 organisierte er politische „Kaminrunden" in seiner Villa im noblen Düsseldorfer Stadtteil Niederkassel nahe dem Rhein. Damals betrug der Einlass 500 Euro.[154] Mörig greift bei seinen Netzwerken auf Kontakte aus seiner völkischen Vita zurück. Er war von 1977 bis 1980 Bundesführer des Bundes Heimattreuer Jugend (BHJ), aus dem der Freibund hervorging, wie Vereinsregisterakten belegen. Der BHJ steckte tief im braunen Sumpf und organisierte unter anderem „Fahrten" für Kinder und Jugendliche. Die Aktivitäten des Freibundes werden bis heute nicht vom Verfassungsschutz beobachtet. Dabei sind es rechtsextreme junge Angehörige der Identitären Bewegung, die dort inzwischen die Freizeiten organisieren.[155]

Die Kontakte zur AfD sind ebenso eng. 2018 feierte die niedersächsische Junge Alternative Weser-Ems im sogenannten Haus Freiburg in Burgdorf-Berel ihr volkstümliches Sommerfest, wie Fotos belegen. Der Betreiber des Freibund-Geländes, aktives AfD-Mitglied seit dem 1. August 2016, spendete seiner Partei 5.063 Euro, wie aus internen Parteiunterlagen hervorgeht. Aus einer Einladung geht zudem hervor, dass Mörig 1985 und 1986 das Norddeutsche Forum in Lüneburg leitete und dort eine „kulturpolitische Veranstaltung" unter anderem mit Alain de Benoist, einem der führenden Köpfe der sogenannten Neuen Rechten in Frankreich, dem rechtsextremen Verleger Dietmar Munier und dem ehemaligen Vorsitzenden der Republikaner, Rolf Schlierer, organisierte.[156]

Die Bezeichnung „einer von uns" kennzeichnet das elitäre Selbstverständnis bündischen Lebens. Tausende Mitglieder sind heute an Schaltstellen der Republik zu finden. So war Uwe Jäschke bis 2021 Professor für thematische Kartographie und Geographie in Dresden. Doch ebenso wie Mörig amtierte auch Jäschke in der Vergangenheit als Bundesführer der BHJ.[157] Jäschke gehört auch dem Vorstand der Frankfurter *Tafelrunde* an.[158] AfD-Mitglieder sind in diesem exklusiven Club ebenso gern gesehene Gäste wie beim Düsseldorfer Forum. Die Tafelrunde wurde schon 1953 gegründet. 2016 nahm Björn Höcke an deren exklusiven Zusammenkünften teil. Die Frankfurter Tafelrunde hatte auch Andreas Lichert von der hessischen AfD, Hans-Georg Maaßen, Frank Grobe von der Commerzbank und den Heimat-Vorsitzenden Frank Franz zu Gast.[159]

6. KAPITEL

CHEMNITZ UND DIE GEWALT DER STRASSE

„Wir sind Bunt bis das Blut spritzt" (sic!) stand auf dem Transparent. Bullige, glatzköpfige Männer hielten es bei den rassistischen Protesten 2018 in Chemnitz in die Kameras. Am Rande eines Stadtfestes war zuvor der Deutsch-Kubaner Daniel H. erstochen worden. Zwei Migranten galten als tatverdächtig.[160] Die damalige rechtsextreme Bürgerbewegung *Pro Chemnitz* von Martin Kohlmann griff den polizeilichen Ermittlungen vor und konstruierte ein Bedrohungsszenario gegen weiße Deutsche. Rasant verbreitete sich rechte Empörung über unzählige Social-Media-Kanäle gegen die „importierte Gewalt". Vier Jahre zuvor wollten schon gewaltbereite „Hooligans" die Republik vor der Bedrohung durch „Salafisten" retten. Die Hooligans gegen Salafisten (HoGeSa) randalierten in Köln und griffen die Polizei an. Die Empörung in Chemnitz nutzte die radikale innerparteiliche Strömung *Der Flügel* um Björn Höcke und kündigte einen Protestzug für den 1. September 2018 an. Tage zuvor hetzte ein Mob Menschen durch Chemnitzer Straßen, die nicht in deren Weltbild passten. Ein jüdisches Restaurant wurde angegriffen und Gegendemonstranten verprügelt. Der noch amtierende Verfassungsschutzpräsident Hans-Georg Maaßen relativierte die rechte Gefahr im *Bild*-Interview, indem er die Authentizität eines Hetzjagd-Videos anzweifelte. Auch der damalige AfD-Bundesvorsitzende Alexander Gauland spielte die Krawalle herunter: „Wenn eine solche Tötungstat passiert, ist es normal, dass Menschen ausrasten."[161] Frei nach dem Chemnitzer Straßenmotto: Eine Regierung, die das Grundrecht auf Asyl gewährt, ist schuld, „wenn das Blut spritzt". Die rechtsextreme Initiative Pro Chemnitz hielt die Stimmung vor Ort tagelang am Kochen. Auf dem Höhepunkt der Ausschreitungen setzten sich Björn Höcke und AfD-Mitstreiter:innen aus den Parlamenten in schwarzen Traueranzügen an die Spitze eines Massenaufzuges, der den Ausschreitungen Legitimität verleihen sollte. Bereits vor der Aufstellung beschimpften Demonstrierende Passant:innen und griffen Journalist:innen an. Unter den Tausenden von Teilnehmenden, die sich der AfD anschlossen, befand sich auch der Mann, der ein Jahr später den Kasseler Regierungspräsidenten Walter Lübcke ermorden sollte. Lübcke war ins rechte Visier geraten, weil er Geflüchtete 2015 bei einer Bürgerveranstaltung in Hessen willkommen geheißen hatte.

Rechte Bedrohungsallianzen

Die Republik erschrak über die brutalen Bilder aus Chemnitz, die unverhohlene Verrohung aufgebrachter Bürger:innen und Neonazis. Auch die Fotos mit dem Blut-Banner gingen tagelang viral. Einer der Träger zeigte den Hitlergruß, ein anderer von damals ist heute Lokalpolitiker der AfD in Chemnitz. Aus dem Aggressor wurde sechs Jahre später einer mit Ordnerbinde, der beim prorussischen „Friedensfest" in Dresden 2024 mit den AfD-Politikern Tino Chrupalla und Maximilian Krah für Sicherheit sorgte. Pro-Chemnitz-Wortführer Martin Kohlmann baute die Initiative zur rechtsextremen Partei *Freie Sachsen* aus, deren Telegram-Kanal 2024 über 140.000 Abonnent:innen folgen. In einer Onlinediskussion sagte Kohlmann, die Freien Sachsen seien der „Pflock" für die AfD. Die solle davon abgehalten werden, mit der CDU zu koalieren. Er strebe eine gemeinsame Mehrheit an.[162] Der Soziologe Johannes Kiess vom Leipziger Else-Frenkel-Brunswik-Institut schlussfolgerte gegenüber der *Tagesschau*, die Freien Sachsen wollten die AfD „auf einen extrem rechten Anti-System-Kurs bis zum Umsturz halten beziehungsweise bringen". Intern hatte die Bundesgeschäftsstelle der AfD, „Stabsbereich Grundsatz, Strategie und Programmatik" bereits 2022 ein 17-seitiges Gutachten zu den Freien Sachsen zusammengestellt. Auf Seite neun schrieb sie: „Aufgrund ihrer militanten Bürgerkriegsrhetorik" könnten die Freien Sachsen kein Partner der AfD sein. Sie würden sich dennoch bemühen, „die AfD als Teil einer gemeinsamen ‚patriotischen Bewegung'" darzustellen. Die Partei sei angeraten, so das Fazit des Dossiers, einen „sichtbaren Sicherheitsabstand" zu wahren. Doch Papier ist nur Papier.

2018 waren zehn Prozent der AfD-Abgeordneten kriminell auffällig.[163] Andere Parteien kamen nicht einmal auf die Hälfte dieser Quote. Es gab Fälle, in denen gewählte AfD-Politiker:innen Menschen in den Bauch traten, Ersthelfer:innen mit Reizgas besprühten, Demonstrant:innen mit dem Auto anfuhren, Waffen mit sich führten, zum gewaltsamen Umsturz der Bundesregierung aufriefen oder Frauen einen „Hatefuck" an-

(148) „Früher CDU-Spitzenpolitiker – heute tief im braunen Sumpf?" auf: www.t-online.de Zuletzt geprüft am 15.07.2024.

(149) „Berlins Ex-CDU-Finanzsenator soll führender Kopf von ultrarechter Burschenschaft sein" auf: www.rnd.de Zuletzt geprüft am 15.07.2024.

(150) „Ibiza-Affäre" auf: www.sueddeutsche.de

(151) „"Tanzbein brechen": Säbelrasseln vorm Akademikerball 2024" auf: www.puls24.at Zuletzt geprüft am 10.06.2024.

(152) Nicht gemeint sind Bünde und Verbindungen, die sich gegen rechts positionieren. Liberale Burschenschaften distanzieren sich von der „Deutschen Burschenschaft", dem Dachverband: https://www.zeit.de/gesellschaft/zeitgeschehen/2013-05/deutscheburschenschaft-dachverband-NPD-rechtsextremismus. Zuletzt geprüft am 30.04.2024.

(153) Betroffene, die mit völkischen Familien in Schulen oder Kindergarten konfrontiert sind, berichten von der Nutzung dieses verächtlich machenden Begriffs.

(154) „Propagandatreffen für die ganze Familie" auf: www.taz.de Zuletzt geprüft am 01.04.2024.

(155) Röpke, Andrea; Speit, Andreas (2019): Völkische Landnahme. S. 44ff.

(156) Mörigs Töchter besuchten noch kurz vor dem Verbot Lager der 2009 als verfassungsfeindlich eingestuften Jugendorganisation „Heimattreue Deutsche Jugend" (HDJ).

(157) Vereinsregister BHJ, VR 41, Uwe Jäschke, Student in Hattersheim, Zum 1. Bundesführer wurde Uwe Jäschke gewählt, 10.12.1980.

(158) „Frankfurter Tafelrunde: Raum für radikale Ansichten – Netzwerktreffen der Rechten" auf: www.fr.de Zuletzt geprüft am 10.04.2024.

(159) „Antifa veröffentlicht Details zu Treffen mit Rechten in Frankfurt – Mutmaßliche Veranstalterin reagiert" auf: www.fr.de Zuletzt geprüft am 10.04.2024

(160) „Urteil im Chemnitz-Prozess" auf: www.dw.com Zuletzt geprüft am 10.04.2024.

(161) „Es ist normal, dass Menschen dann ausrasten" auf: www.welt.de Zuletzt geprüft am 30.04.2024.

(162) „Im Fahrwasser der AfD" auf: www.tagesschau.de Zuletzt geprüft am 22.04.2024.

(163)"Fast jeder zehnte AfD-Abgeordnete hat Ärger mit dem Gesetz" auf: www.welt.de Zuletzt geprüft am 22.04.2024.

(164) Heitmeyer, Wilhelm (2020): Rechte Bedrohungsallianzen. Berlin. Suhrkamp Verlag

drohten, also gewaltvolle sexuelle Handlungen. Der Sozialwissenschaftler Wilhelm Heitmeyer spricht von „rechten Bedrohungsallianzen" , die durch das gezielte Zusammenwirken verschiedener politischer Spektren aus rechtskonservativen bis hin zu neonazistischen Gruppen entstehen.[164] „Das muss nicht durch personelle Netzwerke geschehen, sondern funktioniert vor allem über die Verbreitung einzelner Teilbereiche rechter Denkmotive – wie Rassismus oder Frauenfeindlichkeit",[165] ergänzt Autor Daniel Keil. Die latente Bedrohung durch solche Allianzen wird zwangsläufig unterschätzt, weil sie nicht in die von Polizei und Verfassungsschutz verbreitete gängige Extremismustheorie passt. Wenige Wochen vor den Ereignissen in Chemnitz hatte der Thüringer AfD-Landeschef Höcke beim sogenannten Kyffhäusertreffen des völkischen Flügels aufgerufen: „Wir brauchen den engen Kontakt zu den uns nahestehenden Bürgerbewegungen, Pegida beispielsweise, und wir brauchen die AfD auf der Straße nötiger denn je." Eine „feste Wehr" wolle man bilden: „Schulter an Schulter, Mann für Mann unüberwindbar."[166] Diese Mischszenen werden allerdings von den Sicherheitsstrukturen oft erst spät wahrgenommen.

Auf den Gräbern tanzen

In Chemnitz wurde auf der Straße durch die über tausend Demonstrant:innen die latente Gewalt sichtbar, Grenzen und Hemmungen waren verschwunden. Fakten und Klarstellungen interessieren die AfD nicht – die Emotionalisierung trieben sie bis zum Hass voran. Parteifreund Götz Kubitschek erklärt das Vorgehen: „Was auf vielen Kanälen laut behauptet werden kann, ist in der Welt." Rechtsextremismusexperte Michael Kraske warnt in seinem Buch *Tatworte*[167] vor der Kampfrhetorik der AfD. Alexander Gaulands Schlachtruf „Wir werden sie jagen!" gegen die Regierung 2017 war kein emotionaler Ausrutscher. Die AfD will radikal sein. Sie nutzt die „gefährliche Diskrepanz zwischen der Wirkung radikaler Worte und einer großzügigen Vergesslichkeit der Gesellschaft"[168] schamlos aus. Skandalös auch eine Beleidigung des damaligen AfD-Vorsitzenden Gauland, als er sich bei einer Rede im thüringischen Eichsfeld über den türkischen Namen der (in Hamburg geborenen) Integrationsbeauftragten Aydan Özoğuz belustigte und forderte: „Ladet sie mal ins Eichsfeld ein und sagt ihr dann, was spezifisch deutsche Kultur ist. Danach kommt sie hier nie wieder her und wir werden sie dann auch, Gott sei Dank, in Anatolien entsorgen können."[169] Die Höcke-Vertraute und Bundestagsabgeordnete Christina Baum postete eine Bildmontage bei Facebook, welche die heutige stellvertretende Bundestagspräsidentin Özoğuz auf einem Esel gen Anatolien reitend zeigt. Menschenverachtende Politik, die auch Andreas Kalbitz als Brandenburger Landeschef der AfD 2017 betrieb. Er hetzte in einer Rede beim Kyffhäusertreffen, die 1968er-Bewegung gehöre auf die „politische Sondermülldeponie der Geschichte", und setzte betonend nach: „Und wir werden auf den Gräbern tanzen."[170] Trotz Parteiausschluss trat er beim Tag der Arbeit am 1. Mai 2024 mit dem AfD-Bundestagsabgeordneten Steffen Janich in Zwickau auf.[171]

Höcke baute nach Chemnitz weitere Allianzen mit auf. Im Oktober 2022 trat er vor rund 10.000 Demonstrant:innen in Gera zum Tag der Deutschen Einheit auf die Bühne. An den Veranstaltenden von *Aufbruch Gera* um den Rechtsextremisten Christian Klar störte er sich nicht. Klar, nicht zu verwechseln mit dem gleichnamigen RAF-Terroristen, verbüßte bereits eine Haftstrafe. Ihm werden in einem weiteren Verfahren Diebstahl und Hehlerei vorgeworfen.[172] In rund 20 Fällen wird unter anderem wegen Volksverhetzung gegen ihn ermittelt.[173] Bereits 1999 marschierte er bei einer Demonstration des militanten Thüringer Heimatschutzes mit, aus dessen Reihen die Terrorgruppe Nationalsozialistischer Untergrund (NSU) hervorging. Laut *MDR* sprach Klar bei der Gründungsveranstaltung von Aufbruch Gera in einer Rede von „Kanackenkindern" und dem „restlichen Schmutz" , der „einfach hier zu verschwinden" hat.[174] 2024 hetzte der Thüringer Aktivist: „Leider wird es mit Montagsprotesten nicht geregelt sein. Diese Regierung wird nicht von alleine zurücktreten. Die sitzen am Futtertrog und eine Sau verlässt den Trog nie von allein. Erst wenn sie auf die Schlachtbank geht!"[175] Entlarvende Worte eines mutmaßlichen AfD-Bündnispartners.

7. KAPITEL

DIE AFD, DIENERIN AUSLÄNDISCHER HERREN?

Gute Beziehungen zu Russland zu pflegen, gehört für den Ehrenvorsitzenden der AfD, Alexander Gauland, „zur deutsch-preußischen Tradition".[176] Die AfD erhält diese Tradition auch nach dem Beginn des Angriffskrieges gegen die gesamte Ukraine aufrecht. Als 2024 ein Antrag mit dem Titel „Friedensinitiative mit Sicherheitsgarantien für die Ukraine und Russland" im Bundestag eingereicht wurde, war erkennbar, dass die AfD sich damit zum Fürsprecher des Aggressors macht und vor allem ein Ende der Sanktionen gegen Wladimir Putins Reich fordert. Beim Bundesparteitag der AfD in Essen im Juni 2024 erzielte Parteivorsitzende Alice Weidel den stärksten Beifall der über 500 Delegierten mit dem Satz: „Die Ukraine gehört nicht zur EU und nicht zu Europa."[177] „Das ist eine politische Ansage", urteilte Parteibeobachter Volker Finthammer am 30. Juni 2024 im Deutschlandfunk. Die AfD wolle Putin die Ukraine „gerne feilbieten. Billiges Gas aus Russland scheint ihr wichtiger zu sein als der Freiheitswille der Menschen in der Ukraine."[178]

Russische Großmachtfantasien

Bereits 2023 ging Gauland zweigleisig mit einem „Thesenpapier zur Außenpolitik" vor, als er für ein stärkeres außenpolitisches Selbstbewusstsein Deutschlands votierte und er der Parteibasis eine prorussische Linie vorgab. „Wir Deutschen vergessen manchmal, dass Russland an entscheidenden Wegmarken der deutschen Geschichte positiv Pate gestanden und Preußen vor dem Untergang bewahrt hat."[179] Die Bismarck'sche Reichseinigung und die deutsche Wiedervereinigung seien ohne Zutun Russlands beziehungsweise der Sowjetunion nicht denkbar gewesen. Anlässlich der russischen Annexion der Krim räumte Gauland 2014 ein, dass es sich dabei um einen „völkerrechtswidrigen Akt" handele. Doch Putin habe sich, so Gauland, „auf eine alte russische, zaristische Tradition besonnen: das Einsammeln russischer Erde".[180] Kiew könne der Moskauer Regierung als „Kernzelle des russischen Reiches" ebenso wenig gleichgültig sein wie Sewastopol.[181] Die Loslösung „des heiligen Kiews" von Russland sei vergleichbar mit der Abtrennung Aachens oder Kölns von Deutschland",[182] so Gauland. „Apologeten der Annexion" nannte der Historiker Heinrich August Winkler in einem Spiegel-Essay 2014 die Russland-Freunde um Gauland.[183] Winkler erinnerte an die historischen Zusammenhänge enger deutscher Russlandpolitik, die in der Weimarer Republik nicht zufällig von rechten Politikern, Militärs und Intellektuellen vorangetrieben wurde. 1925 sah Hitlers späterer Propagandaminister Joseph Goebbels in einem vom vermeintlich jüdischen Internationalismus befreiten Russlands „den uns von Natur gegeben Bundesgenossen gegen die teuflische Versuchung und Korruption des Westens".[184]

Putins Pläne eines eurasischen Imperialismus werden von der AfD wohlwollend aufgenommen. Daraus ergibt sich die Frage, ob einflussreiche AfD-Politiker:innen das Existenzrecht der Ukraine als demokratischer und freier Staat in Abrede stellen. Der AfD-Landtagsabgeordnete in Sachsen-Anhalt, Hans-Thomas Tillschneider, reiste im September 2022 mit zwei anderen Landtagsabgeordneten der AfD nach Russland und plante, auch die russisch besetzten Gebiete der Ukraine im Donbass zu besuchen. 2024 wurde dann bekannt, dass Tillschneider seit über einem Jahr als Kolumnist für die linientreue Moskauer Zeitung *Wedomosti* positiv über den Angriffskrieg berichtete.[185] So prophezeite er Ende 2023, die Ukraine werde durch den Krieg „friedlicher" werden. „Russland wird leise, systematisch und Stück für Stück Gebiete übernehmen, die es als sein Eigentum betrachtet", schrieb Tillschneider. „Zu Recht" werde die Weltgemeinschaft das dann als Erfolg für Russland und als Niederlage für die USA werten. Die westlichen Länder seien „in jeder Hinsicht im Niedergang begriffen".[186]

Der Machthaber im Kreml kann sich auf die deutschen Rechtsextremist:innen verlassen. Sie wollen gemeinsam ein destabilisiertes Europa. Es gibt kaum einen AfD-Auftritt vor größeren Mengen, bei der nicht prorussische Aussagen vom Podium erfolgen und weiß-blau-rote Flaggen vom Publikum getragen werden. Solidarität für die Ukraine gibt es durchaus, sie spielt parteiintern aber eine marginale Rolle.[187] Mehr als 100 Reisen zwischen 2015 und 2020 führten AfD-Politiker:innen nach Russland, auch in um-

(165) „Rechtsextremismus - ein problematisches Konzept" auf: www.berliner-zeitung.de Zuletzt geprüft am 15.07.2024

(166) www.facebook.com/watch/?v=2183389118558116. Zuletzt geprüft am 30.04.2024.

(167) Kraske, Michael (2021): Tatworte. Berlin. Ullstein Verlag.

(168) Ebd. S. 140.

(169) „Was ist deutsch?" auf: www.zeit.de Zuletzt geprüft am 30.04.2024

(170) „Was ist eigentlich demokratiefeindlich an der AfD?" auf: www.belltower.news Zuletzt geprüft am 15.07.2024.

(171) https://x.com/ZWIWatch/status/1785584571385287007 Zuletzt geprüft am 15.07.2024.

(172) „Demonstration in Erfurt: Tausende erwartet - Hunderte gekommen" auf: www.mdr.de Zuletzt geprüft am 15.07.2024

(173) „Ein „Hotspot" der rechtsextremen Szene" auf: www.tagesschau.de Zuletzt geprüft am 20.06.2024.

(174) „Rechtsextreme „Großdemo" und Auto-Korso in Gera - Wer steckt dahinter?" auf: www.mdr.de Zuletzt geprüft am 15.07.2024

(175) „Gera: Eine gefallene Stadt?" auf: rbb-online.de Zuletzt geprüft am 20.06.2024.

(176) „Vereint gegen liberale Werte: Wie Russland den rechten Rand in Europa inspiriert und fördert“ auf: www.bpb.de Zuletzt geprüft am 15.05.2024

(177) „Kommentar AfD-Parteitag“ www.deutschlandfunk.de/ Zuletzt geprüft am 30.06.2024

(178) Ebd.

(179) Roeser, Rainer; Häusler, Alexander (2022): Die Positionen der AfD zum Putin-Regime und dem russischen Angriffskrieg auf die Ukraine. Düsseldorf. S. 8.

(180) https://magazin.spiegel.de/EpubDelivery/spiegel/pdf/126511945. Zuletzt geprüft am 15.06.2024.

(181) „AfD-Sprecher Gauland äußert Verständnis für Russland“ auf: www.faz.net Zuletzt geprüft am 15.06.2024.

(182) „Gauland, Höcke und Co.: Ich habe versucht, den außenpolitischen Kurs der AfD zu verstehen – es war verstörend“ auf: www.tagesspiegel.de Zuletzt geprüft am 30.05.2024

(183) https://magazin.spiegel.de/EpubDelivery/spiegel/pdf/126511945 Zuletzt geprüft am 15.06.2024

(184) Ebd.

(185) „AfDler schreibt für russische Zeitung“ auf: www.taz.de Zuletzt geprüft am 03.05.2024.

kämpfte Gebiete der Ostukraine, auf die Krim, in den Kaukasus und nach Belarus.[188] Der Berliner AfD-Abgeordnete Gunnar Lindemann besuchte 2018 gleich zweimal die selbsternannte „Volksrepublik Donezk“, die schon damals unter indirekter Kontrolle Moskaus stand. Auf Kosten des russischen Parlaments reiste der AfD-Bundestagsabgeordnete Ulrich Oehme 2018 als angeblicher „Wahlbeobachter“ auf die von Russland annektierte Krim.[189] Sieben weitere Bundestagsabgeordnete ließen sich in dem Jahr nach Russland einladen, wer den Aufenthalt bezahlte, ist nicht abschließend geklärt.[190] Der Ausbruch des Krieges hinderte die AfD nicht an ihren Reisebewegungen gen Osten. Zur Präsidentschaftswahl im Frühjahr 2024 waren in Moskau AfD-Bundestagsabgeordnete eingeladen. Der Bundesvorstand der Partei tat empört.[191] Beim Parteitag in Essen 2024 scheiterte bezeichnenderweise ein Antrag, sich mit strengeren Regeln für Auslandsreisen zu beschäftigen.[192] Die systematische Hinwendung der AfD nach Russland wird auch in Programmen, Anträgen und Bundestagsreden sowie sonstigen Äußerungen deutlich. Ein starker Herrscher in einem von Traditionen geprägten Riesenreich imponiert den Rechten. Damit ist die AfD auf europäischer Ebene nicht alleine. Auch Marine Le Pen unterstützte ihren Front National (heute: Rassemblement National) schon 2014 mit einem Millionenkredit russischer Banken.[193] Italiens heutiger stellvertretender Ministerpräsident Matteo Salvini posierte 2017 auf dem Roten Platz im T-Shirt mit Putin-Konterfei. Die österreichische FPÖ unter Heinz-Christian Strache beschloss 2018 ein Arbeitsabkommen mit *Einiges Russland*. Straches damalige Außenministerin Karin Kneissl lud Putin nicht nur 2018 zu ihrer Hochzeit ein, sondern zollte ihm mit einem Knicks Respekt.[194] Ungarns Ministerpräsident Victor Orbán reiste nach Antritt seiner Ratspräsidentschaft im Sommer 2024 unabgesprochen nach Moskau und brüskierte damit bewusst die Europäische Union, die Sanktionen gegen Russland verhängt hat. Unmittelbar auf das angebliche „Friedensgespräch“ folgte die russische Bombardierung einer Kinderklinik mit Krebsstation mit mindestens zwei Todesopfern und 50 Verletzten.[195]

Journalistische Recherchen enthüllen die Rolle Putins als Marionettenspieler europäischer Antidemokrat:innen. Der *Spiegel* fand mit Berufung auf einen nicht genannten westlichen Geheimdienst heraus, dass sich die russische Regierung bei einem „Strategietreffen“ 2022 ausführlich mit der AfD befasste. Regierungsvertreter:innen in Moskau sollen demnach ein Konzept für die AfD „entwickelt“ haben.[196] Ziel sei es gewesen, „ihre Umfragewerte zu steigern und bei Wahlen auf allen Ebenen eine Mehrheit zu erreichen“. Wenig später, Anfang Oktober, zitierte der Thüringer AfD-Chef Höcke bei einer Rede in Gera aus diesem russischen „Manifest“.[197]

AfD und Rüstungslobby

Die AfD ist eine Partei, der es um bewaffnete Stärke geht. Der Wehrwille deutscher Männer solle gestärkt werden, „Ausländern“ aber bliebe „der Dienst in der Bundeswehr verwehrt“, heißt es in *Streitkraft Bundeswehr*, einer Schrift des *Arbeitskreises Verteidigung* der AfD-Bundestagsfraktion. Alle AfD-Abgeordneten im Verteidigungsausschuss des Bundestags haben eine mehrjährige Bundeswehrvergangenheit. Viele verfügen über enge Verbindungen zur Rüstungsindustrie: Hans-Rüdiger Lucassen etwa leitete selbst ein Rüstungsunternehmen und war 34 Jahre lang Berufsoffizier und Referent bei der Nato.[198] Gerold Otten führte 20 Jahre lang als Verkaufsdirektor die Geschäfte für den Eurofighter bei Airbus Defence and Space. „Putins Krieg weckt Deutschland aus dem Schlaf des naiven Pazifismus“, frohlockte der verteidigungspolitische Sprecher der AfD-Bundestagsfraktion Lucassen in einer Presseerklärung am 28. Februar 2022, wenige Tage nach Kriegsbeginn. Er forderte, in Deutschland die Wehrpflicht zu reaktivieren. Lucassens Landesverband der AfD in Nordrhein-Westfalen gilt als Hochburg der Transatlantiker:innen, also derer, die dem Westen zugewandt sind. Den Russland-Fans in der Partei sind Lucassen und „sein Nato-Anhang“[199] längst ein Dorn im Auge. Sie positionieren sich im *Arbeitskreis Außen*, der von dem unter Bestechungsvorwürfen stehenden Petr Bystron geleitet wird.

Völkische Motivation

„Deutschland ist nicht souverän“, sagte Björn Höcke zum Jahrestag des russischen Angriffs auf die Ukraine 2023 vor rund 800 Zuhörenden in Dresden, es sei „teilbesetzt“, ein „fremdbestimmtes Land“.[200] Höcke bedient sich einer unwahren, aber weitverbreiteten Behauptung sogenannter Reichsbürger:innen. Denn die Bundesrepublik hat am 3. Oktober 1990 auf Basis des Zwei-plus-

Vier-Vertrags mit der Wiedervereinigung auch die volle Souveränität wiedererlangt. In Dresden stammen Organisator:innen und Publikum der Veranstaltung, auf der Höcke sprach, aus Pegida- und Freien-Sachsen-Zusammenhängen. Allzu viele von ihnen sehen in den USA immer noch die „alliierte" Besatzungsmacht nach 1945, verantwortlich für eine erzwungene „Umerziehung". In diesem Denken verheißt die Tendenz gen Russland die Befreiung aus einer unfreiwilligen amerikanischen Knechtschaft. Einer der russischen Vordenker führte schon 2013 aus, wer der gemeinsame Feind sei: Der „Liberalismus muss besiegt und vernichtet, das Individuum von seinem Pedestal (Sockel) herabgeholt werden",[201] schrieb Alexander Dugin 2013 in *Die vierte politische Theorie*. Einer der zentralen Gedanken des Moskauer Philosophen ist, Demokratie und Menschenrechte zugunsten einer „ethnopluralistischen", multipolaren Welt zu überwinden. Dugin, der ein gern gesehener Ansprechpartner für deutsche Rechtsextremist:innen ist, entwarf die „neo-eurasische Idee". „Eurasisch steht im Gegensatz zu transatlantisch und will eine geopolitische Ordnung, in der Europa zu einem Staatenblock gehört, der von Putin-Russland angeführt und von diesem dominiert wird",[202] warnen die Journalist:innen Sebastian Pittelkow und Katja Riedel.

In Sankt Petersburg traf Dugin 2015 Markus Frohnmaier.[203] Der AfD-Bundestagsabgeordnete Frohnmaier wurde 1991 in Rumänien geboren und gilt als Gefolgsmann Höckes. Er hat sich einen Lorbeerkranz – das Erkennungszeichen rechter Waffenlobbyisten rund um die German Defence League – auf die Brust tätowieren lassen. Nur einmal will er allerdings bei einem Treffen der Waffenliebhaber:innen dabeigewesen sein.[204] Als Fachreferent für den Bundestagsabgeordneten war einer der mutmaßlich wichtigsten Mittelsmänner zwischen AfD und Russland tätig: Manuel Ochsenreiter. Der frühere Chefredakteur der Zuerst,[205] dessen antisemitisches Buch *Die Macht der zionistischen Lobby in Deutschland* vom Iran verlegt wurde, galt als Protagonist russischer Propaganda.[206] 2019 sah sich Frohnmaier gezwungen, Ochsenreiter nach vier Monaten zu kündigen. Die Bundesanwaltschaft ermittelte gegen den Journalisten wegen des Verdachtes auf Terrorismusfinanzierung in Tateinheit mit Anstiftung zur Brandstiftung in der ukrainischen Stadt Uschhorod auf das Gebäude eines Kulturvereines einer dort lebenden ungarischen Minderheit.[207] 2021 starb Ochsenreiter überraschend in Moskau an Herzversagen.[208]

Russlanddeutsche für Putin und AfD

Rund 2,5 Millionen Russlanddeutsche, auch Spätaussiedler genannt, leben in der Bundesrepublik. Ihre Community stellt die größte Minderheit mit Stimmrecht dar. Die Mehrheit wählte lange die Unionsparteien, aber auch die Linke bekam von russlanddeutschen Wähler:innen deutlich mehr Stimmen als die AfD. Eine Studie der Universität Duisburg zeigte jedoch, dass sich das Wahlverhalten wegen der Unzufriedenheit mit Angela Merkels Flüchtlingspolitik bei Jüngeren wandelt.[209] Die AfD sah diesen Trend und öffnete sich gezielt für Menschen, die viel mit Russland verbindet. 2017 entstand das *Koordinierungszentrum der Russlanddeutschen – Für die deutsche Heimat!* unter Leitung von Heinrich Groth.[210] Bei der Gründung des Zentrums warnte Groth vor der „totalen Unterjochung der BRD durch die USA". Das neue Zentrum solle „der AfD den Rücken stärken, indem sie die Russlanddeutschen-Heimkehrer, Aussiedler und Spätaussiedler in ihrem Sinne mobilisiert".[211] Mit dabei waren die AfD-Politiker Armin Paul Hampel, Waldemar Herdt und Eugen Schmidt, damals Sprecher des Netzwerkes *Russlanddeutsche für die AfD NRW*. Groth war bei dem AfD-Bundestagsabgeordneten Herdt als Mitarbeiter tätig. „Als Urvater der Russlanddeutschen-Bewegung" sei Groth „eine sehr wichtige Person", hieß es aus dem Büro von Herdt.[212] Die Spionageabwehr des Verfassungsschutzes beschuldigte Groth 2018, als Propagandist für Russland tätig zu sein.[213] Er soll bereits zu Sowjetzeiten in Kontakt mit dem KGB gekommen sein. Er hatte aber auch Kontakte in die Szene von Revisionist:innen und NS-Fans.[214] Herdt, selbst Russlanddeutscher und bis 2021 Bundestagsabgeordneter, galt lange als einer der Strippenzieher außenpolitischer Parteipolitik.[215] 2021 verließ er die AfD. Inzwischen stellt er sich direkt in den Dienst Russlands und Putins.[216]

(186) „AfD-Politiker Tillschneider lobt in russischer Zeitung das Zerstückeln der Ukraine" auf: www.mz.de-Zuletzt geprüft am 01.07.2024.

(187) „Juden in der AfD haben Gewissensbisse" www.www.achgut.com/ Zuletzt geprüft am 15.07.2024.

(188) „Mehr als 100 AfD-Reisen zum Gefallen Russlands" auf: www.welt.de Zuletzt geprüft am 15.05.2024

(189) Ebd.

(190) Ebd.

(191) „AfD-Abgeordnete wollen nach Russland reisen" auf: www.tagesschau.de Zuletzt geprüft am 15.05.2024.

(192) „AfD-Abgeordnete müssen Russland-Reisen nicht absprechen" auf: www.zeit.de Zuletzt geprüft am 15.07.2024.

(193) „Front National erhält 40-Millionen-Kredit aus Moskau" auf: www.faz.net Zuletzt geprüft am 20.05.2024

(194) „Putin schenkte Österreichs Außenministerin Kneissl teuren Schmuck" auf:

www.spiegel.de

Zuletzt geprüft am 15.07.2024.

(195) „Typisches Beispiel russischer Desinformation" auf: www.tagesschau.de Zuletzt geprüft am 15.07.2024.

(196) „China, Russland und die AfD - Alternative gegen Deutschland" www.spiegel.de Zuletzt geprüft am 15.07.2024.

Gründung rechtsterroristischer Gruppen

8. KAPITEL

WAS WÄRE, WENN? – DIE AFD WIRD DIE DEMOKRATIE MIT DEMOKRATISCHEN MITTELN DEMONTIEREN

Keine üblichen Floskeln, keine allgemeinen Sätze. In Aachen mahnte Armin Laschet dennoch äußerst dringlich vor dem Rechtstrend. Vor 20.000 Demonstrierenden sprach der CDU-Politiker gegen diese Entwicklung in der Bundesrepublik. In anderen Städten waren am ersten Februar-Wochenende 2024 noch weit mehr Menschen wegen der befürchteten Wahlerfolge der AfD auf den Straßen. In der nordrhein-westfälischen Grenzstadt zu den Niederlanden und Belgien sind so viele Menschen ein großer Erfolg. Statistisch gesehen war jede:r Fünfte auf der Straße. Leise führte der ehemalige Ministerpräsident von Nordrhein-Westfalen aus, nachdem er an die Vertreibung der Juden und Jüdinnen aus Aachen zur Vernichtung nach Auschwitz erinnert hatte, dass immer noch manche meinen, man solle nicht übertreiben: die AfD sei „doch keine NSDAP". Der ehemalige CDU-Vorsitzende wurde noch deutlicher: „Ja, man kann 1933 nicht mit heute vergleichen, natürlich nicht, das kann man nicht, aber man kann zusammenstehen." Und er warnte: „Man kann sagen, na ja, so schlimm wird das schon nicht werden. So haben die Leute 1933 auch gedacht. Bei der Reichstagswahl, der letzten im November 1932, hatten die Nazis zwei Millionen Stimmen verloren, sie hatten nur noch 33 Prozent. (...) Und dann wurde Hitler zum Reichskanzler erwählt und dann haben manche gesagt, na wir ernennen den jetzt mal. In zwei Monaten wird er quietschen, dann hat er sich entlarvt, der wird keinen Erfolg haben. Und er hatte nur zwei Minister (...). Alle anderen waren noch aus demokratischen Parteien. Und wissen Sie, was in den zwei Monaten bis zu dem Zeitpunkt, wo er quietschen sollte, passiert ist? 30. Januar: seine Ernennung, 1. Februar: Auflösung des Reichstags, 3. Februar: Hitler sagt, er will rücksichtslos germanisieren und Lebensraum im Osten gewinnen, 4. Februar: Einschränkung der Presse- und Meinungsfreiheit, 22. Februar: SA und SS werden zu Hilfspolizei ernannt, 27. Februar: der Reichstag brennt, 5. März: wieder eine Wahl, wieder keine absolute Mehrheit für die Nazis, 11. März: Goebbels Propagandaminister, 22. März: Errichtung des Konzentrationslagers Dachau, 23. März: Ermächtigungsgesetz, Ende der Demokratie in Deutschland." Nach dieser Auflistung fasste Laschet zusammen: „In zwei Monaten war alles zerstört und deshalb dürfen Antidemokraten in keine staatliche Funktion kommen. Sie werden sie nutzen, um die Demokratie zu beseitigen."[217]

Historische Vergleiche sind stets schwierig. Nicht alleine die gesellschaftlichen Bedingungen sind unterschiedlich, sondern auch die kommunikativen Mittel. Die heutige Gesellschaft unterscheidet sich stark von der damaligen – auch wegen der historischen Erfahrungen mit den Verbrechen des Nationalsozialismus. Doch Erinnern und Warnen sind dringend geboten und gefordert. Laschet griff zudem auf, was NS-Propagandaminister Joseph Goebbels selbst schrieb: „Wir gehen in den Reichstag hinein, um uns aus dem Waffenarsenal der Demokratie mit deren eigenen Waffen zu versorgen. Wir werden Reichstagsabgeordnete, um die Weimarer Gesinnung mit ihrer eigenen Unterstützung lahmzulegen. Wenn die Demokratie so dumm ist, uns für diesen Bärendienst Freikarten und Diäten zu geben, so ist das ihre eigene Sache." Im *Völkischen Beobachter* schrieb Goebbels am 20. Mai 1928 auch: „Wir kommen als Feinde! Wie der Wolf in die Schafherde einbricht, so kommen wir."[218] Eine antidemokratische Kampfansage, die in ihrer apokalyptischen Ernsthaftigkeit gerade im konservativen Milieu der Weimarer Republik nicht als solche wahrgenommen wurde. Laschet sprach es aus, als er sagte, dass jene Politiker, die Hitler zum Reichspräsidenten ernannten, erwartet hatten, dass er „quietschen", also scheitern würde.

Die historische Erfahrung mahnt, die gegenwärtigen Entwicklungen nicht bloß zu beobachten. Vorbereitungen auf die möglichen Auswirkungen von Wahlerfolgen der AfD müssen überlegt werden. „Wir werden einen langen Weg des Aufräumens und des Neuaufbauens gehen", sagte Björn Höcke zum Ende seiner Rede beim AfD-Landesparteitag in Pfiffelbach am 17. November 2023. Und er verkündete einen Plan, wie das Deutschland seiner Vorstellung aussehen

(197) Ebd.

(198) „Rüdiger Lucassen, AfD" auf: www.bundestag.de Zuletzt geprüft am 15.07.2024.

(199) Compact Spezial (2024), Sonderausgabe Nr. 41.

(200) „Höcke: Deutschland ist „nicht souverän", auf: www.faz.net Zuletzt geprüft am 01.07.2024

(201) Dugin, Alexander (2013): Die vierte Politische Theorie. London

(202) Pittelkow, Sebastian; Riedel, Katja (2022): Rechts Unten – Die AfD: Intrigen, heimliche Herrscher und die Macht der Geldgeber. Hamburg. Rohwohlt Verlag. S. 312.

(203) „AfD-Nachwuchs Frohnmaier - Ein junger Mann, der Populist werden will" auf: www.spiegel.de Zuletzt geprüft am 10.06.2024.

(204) „AfD-Nachwuchs Frohnmaier - Ein junger Mann, der Populist werden will" auf: www.spiegel.de Zuletzt geprüft am 10.06.2024.

(205) „Zuerst!" erscheint seit 2009 in der Verlagsgruppe „Lesen und Schenken" des völkischnationalistischen Verlegers Dietmar Munier.

(206) „Der Westen als Feind" auf: www.der-rechte-rand.de und „Rechter Publizist Manuel Ochsenreiter gestorben" auf: www.endstation-rechts.de

(207) „Brandanschlag: Vorwürfe gegen Ex-AfD-Bundestagsmitarbeiter erhärten sich" auf: www.rbb-online.de Zuletzt geprüft am 15.07.2024

(208) „Vermittler zwischen AfD und Russland" auf: www.tagesschau.de Zuletzt geprüft am 15.07.2024.

(209) „Wie Einwanderer und ihre Kinder wählen" auf: www.uni-due.de Zuletzt geprüft am 30.05.2024

(210) „Russlanddeutsche und die AfD: Die neue Lieblingspartei der Aussiedler?" auf: www1.wdr.de Zuletzt geprüft am 01.07.2024.

(211) „Rechte Russlanddeutsche pro AfD" auf: www.endstation-rechts.de Zuletzt geprüft am 01.07.2024.

(212) „Strippenzieher mit Verbindung zur extremen Rechten: Das sind die radikalen AfD-Hintermänner" auf: www.focus.de Zuletzt geprüft am 01.07.2024

(213) „Radikale Einflüsterer auf den Fluren des Bundestags" auf: www.welt.de Zuletzt geprüft am 01.07.2024

(214) „Landser heißt jetzt Weltkrieg" auf: www.antifainfoblatt.de Zuletzt geprüft am 15.07.2024. Fotomaterial liegt vor

(215) „Früher im Bundestag, jetzt im Dienst des Kremls" auf: www.t-online.de Zuletzt geprüft am 12.07.2024

(216) Ebd.

soll. Klimaschutz wird es dann im Freistaat von Regierungsseite nicht mehr geben, jedes „Klimagedöns, das auf landesgesetzlichen Regelungen fußt", werde abgeräumt. Medienstaatsverträge, die ihm missfallen, werden gekündigt. Und: „Wir werden den Kampf gegen Rechts einstellen."[219]

Das Thüringen-Projekt

„Was wäre, wenn?", fragte das Team von Maximilian Steinbeis und Friedrich Zillessen des Fachportals *Verfassungsblog.de*. Schon 2023 starteten Steinbeis und Zillessen das *Thüringen-Projekt*. Sie spielten durch, welche Möglichkeiten eine „autoritär-populistische Partei" in der Demokratie hätte, wenn sie parlamentarische und staatliche Ämter gewinnen könnte. Im öffentlichen Bewusstsein ist das Amt des Parlamentspräsidenten oder der Parlamentspräsidentin in Deutschland bisher politisch nicht sehr profiliert. Doch eine AfD-lerin als Landtagspräsidentin könnte dem Parlament schon die Arbeitsaufnahme erschweren. Normalerweise ist es Aufgabe der Präsidentin, die Interessen des Parlaments zu repräsentieren, also nicht die der eigenen Partei. Sie hat Sorge zu tragen, dass die parlamentarische Arbeit möglichst reibungslos funktioniert. „Sich darauf auch über wechselnde Mehrheitsverhältnisse hinweg stabil verlassen zu können, daran haben im Prinzip alle Parteien das gleiche Interesse", heißt es im Thüringen-Projekt. Doch dann wird in der Studie auf die Fallstricke hingewiesen: „Das Recht, jemanden für dieses Amt zu nominieren, gebührt nach guter parlamentarischer Tradition und nach der Geschäftsordnung des Landtags der stärksten Fraktion."[220]

In diese Machtposition könnte die AfD nach den Landtagswahlen im September 2024 sowohl in Thüringen als auch in Sachsen und Brandenburg eventuell kommen. Vorgeschlagen heißt zwar noch nicht gewählt, doch der oder die Landtagspräsident:in braucht die Mehrheit der abgegebenen Stimmen, und niemand kann die Abgeordneten zwingen, zu wählen, wer ihnen vorgesetzt wird. Der Druck wäre allerdings hoch, sodass diese Wahl aus Sicht der AfD gelingen könnte. „Erst wenn er einen Präsident*in hat, ist der Landtag konstituiert und kann mit seiner Arbeit beginnen, kann die Regierungschef*in gewählt werden." Die Option, „einen Wahlgang nach dem anderen scheitern zu lassen", bedeutet auf Dauer jedoch „parlamentarischen Stillstand und Lähmung", warnen die Autor:innen des Thüringen-Projekts. Die AfD könnte dann dieses Scheitern „für sich ausschlachten".[221] Im typischen Opferjargon würde sie eine fehlende demokratische Kultur und eine gescheiterte parlamentarische Praxis beklagen und eine Entscheidung einfordern. Eine PR-Aktion, die vor allem an die Anhängerschaft außerhalb des parlamentarischen Raums gerichtet sein könnte. Nach dem Motto: Das Establishment ist gegen uns und hindert uns an der Arbeit.

Auch der nächste mögliche Angriff auf die Demokratie kommt unauffällig daher. Er stellt sich durch massiven Personalaustausch dar. Sollte die AfD Regierungsverantwortung und damit Ministerposten übernehmen, könnte sie die Posten der untergeordneten politischen Beamt:innen neu besetzen. Dass Vertrauenspersonen der Regierung nach einem Regierungswechsel ersetzt werden, ist nicht unüblich. Allerdings könnten Antidemokrat:innen diese Macht missbrauchen. Marie Müller-Elmau und Hannah Beck vom Thüringen-Projekt legen dar: Wenn das Innenministerum schärfer gegen bestimmte Gruppen oder gar (dann) oppositionelle Bündnisse vorgehen will, könnte es den Fokus auf das Amt des Polizeipräsidenten legen. Das Ministerum wäre in der Lage, Personal oder Gelder in die entsprechende Abteilung zu verschieben. Diese Option bestünde ebenso in den Verfassungsschutzbehörden: „Dann werden eben keine Nazis mehr beobachtet, sondern verstärkt die Linken", führte Beck aus. In den Plänen von Höcke steht die Abberufung des Verfassungsschutzpräsidenten ganz oben.[222]

Parallel zur Umrüstung des Parlamentes könnte ein Umbau des Justizapparates erfolgen. In Polen war zu beobachten, dass die damalige rechte PiS-Regierung zunächst das Rentenalter für Richter:innen senkte, um dann möglichst viele frei gewordenen Stellen aus den eigenen Reihen oder mit Sympathisant:innen zu besetzen.[223] Die PiS (deutsch: *Recht und Gerechtigkeit*) wird politisch als rechtsradikal und/oder rechtspopulistisch verortet. Die Judikative bietet zu Recht einen großen Raum für Interpretationen. Diese Optionen kommen rechtsextremen Richter:innen oder Verwaltungsbeamt:innen entgegen. Detailliert betrachtet bestehen zudem Möglichkeiten, sich zwar daran zu halten, Stellen öffentlich auszuschreiben, aber Ausschreibungen „lassen sich ja verändern, sodass präferierte Gruppen, vielleicht eigene Leute besser auf die Stellen passen". Eine Landtagsverwaltung könnte so nach und nach problemlos auf Linie gebracht werden, sagt Beck.[224] Die AfD lässt auch kaum Zweifel daran, dass sie Gleichstellungsbeauftragte als überflüssig erachtet.[225]

Der Kampf um die Bildung ist Teil des erklärten rechten Kulturkampfes. Eine 180-Grad-Wende in der Erinnerungs- und Gedenkkultur forderte Björn Höcke schon 2017. Das ARD-Nachrichtenmagazin *Panorama* veröffentlichte eine Rede Höckes, in der er sich für die mehrfach verurteilte Holocaustleugnerin Ursula Haverbeck einsetzte und deren eklatante Verstöße gegen den Paragraf 130 des StGB („Volksverhetzung") als „Meinungsdelikte" relativierte.[226] Der brandenburgische Bundestagsabgeordnete Steffen Kotré bekundete 2004 seine Solidarität mit dem früheren RAF-Terroristen und späteren Holocaustleugner Horst Mahler.[227] Um das Geschichtsbild nachhaltig zu verändern, könnte die AfD in Zukunft versuchen, die Budgets für Besuche von Schulklassen in Gedenkstätten und Erinnerungsorten zu kürzen.

Ein weiterer Angriff auf die Demokratie ist durch parlamentarischen Machteinfluss auf die demokratische Kultur zu erwarten. Die finanzielle Förderung von demokratie- und vielfaltbestärkenden Projekten bei Initiativen, freiwilligen Feuerwehren, Theatern, Sportvereinen, Stadtteil- oder Gemeindeprojekten könnte gekürzt oder gestrichen werden. Insbesondere Projekte zu den Themen sexuelle Vielfalt und geschlechtliche Identität dürften dann Kürzungen treffen. Betroffen wären sehr wahrscheinlich auch Beratungsstellen für Opfer rechtsextremer und rassistischer Gewalt. Schon jetzt gehen AfD-Fraktionen in Landtagen wie Sachsen-Anhalt oder Thüringen mit den Mitteln der parlamentarischen Demokratie gegen unterschiedliche zivilgesellschaftliche Projekte vor. Auch die vier wichtigsten Thüringer Beratungsstellen beim Thema Rechtsextremismus – Mobit, Ezra, Drudel 11 und das Violence Prevention Network – stünden vor dem Aus. „Höckes Pläne würden Stand heute die staatlich geförderte Arbeit gegen Rechts beenden", sagt Romy Arnold von der Mobilen Beratungsstelle gegen Rechtsextremismus (Mobit). Über Jahrzehnte entwickelte Konzepte und wirksame Netzwerke im Kampf gegen Rechtsextremismus würden zerschlagen werden.[228] Diese Angriffe passieren, weil die von *Demokratie leben!* geförderten Projekte wichtige Demokratiearbeit vor Ort leisten. Die Initiative wird durch das Bundesfamilienministerium gefördert. Dazu gehört auch, auf die verfassungsfeindlichen Inhalte der AfD hinzuweisen.

Ein weiteres Szenario spielen Steinbeis und Jelena von Achenbach für die Wahl des oder der Ministerpräsident:in in Thüringen durch. Die Professorin für Öffentliches Recht an der Universität Erfurt und der Gründer des Verfassungsblogs zeigen auf, dass wenn im dritten Wahlgang der AfD-Vorsitzende Höcke kandidiere und sich Linke und CDU nicht geeinigt haben, einen gemeinsamen Gegenkandidaten aufzustellen, der Landtagspräsident qua Amt feststellen könnte, dass Höcke allein mit den Stimmen der AfD gewählt ist. Auf Sitzungsunterbrechungen, um diesen Ausgang noch abzuwenden, bräuchte nicht mehr gehofft zu werden. Denn, wenn die AfD den oder die Landtagspräsident:in stellt, dürfte er oder sie eine Unterbrechung ablehnen. In diesem Fall, so von Achenbach und Steinbeis am 1. Dezember 2023, würde „ein Nazi Ministerpräsident und steht an der Spitze der Exekutivgewalt des Freistaats Thüringen".[229] Kein mögliches Szenario? Am 5. Februar 2020 wurde der FDP-Landtagsabgeordnete Thomas Kemmerich mit Stimmen von CDU, FDP und AfD kurzzeitig Ministerpräsident des Freistaates. Ein ungeschicktes Verhalten von CDU und FDP und ein taktisches Abstimmungsverhalten der AfD führten zur Wahl. Erst durch öffentlichen Druck und politisches Gegenwirken konnte die fatale Ministerpräsidentenwahl revidiert werden.

Das Thüringen-Projekt kann auch auf Sachsen und Brandenburg übertragen werden. Auf die Mehrheiten in den Parlamenten kommt es an und welche Bereitschaft zur Koalition besteht, die nicht nur als Regierungsbeteiligung gedacht werden sollte. Die politische Annahme, Hitler könnte kontrolliert werden, war der historische Fehler des Konservatismus. Maximilian Steinbeis fasst die Gefahr zusammen: „Das Entscheidende an autoritären Populisten, wie wir sie heute erleben, ist eben, dass sie (...) vorgehen (...), ohne die Verfassung oder die Gesetze offen zu brechen." Friedrich Zillessen ergänzt: „Autoritäre Kräfte nutzen die Verfassung als ein Tool, das man für seine Machtausübung ge- und missbrauchen kann."[230]

(217) www.youtube.com/watch?v=-9q7a4LwH9H8. Zuletzt geprüft am 04.07.2024.

(218) Zitiert nach: Bracher, Karl Dietrich (1955): Die Auflösung der Weimarer Republik, Stuttgart/Düsseldorf. S. 374.

(219) „Höckes 5-Punkte-Plan für den Fall, dass die AfD Thüringen regiert" auf: www.mdr.de Zuletzt geprüft am 04.07.2024.

(220) „Warum die Machtübernahme durch die AfD schon früher beginnen könnte, als viele glauben" auf: www.verfassungsblog.de Zuletzt geprüft am 04.07.2024

(221) „Warum die Machtübernahme durch die AfD schon früher beginnen könnte, als viele glauben" auf: www.verfassungsblog.de Zuletzt geprüft am 29.05.2024

(222) „Wie die AfD die Demokratie aushebeln könnte" auf: www.n-tv.de Zuletzt geprüft am 29.05.2024

(223) „Wie die AfD die Demokratie aushebeln könnte" auf: www.n-tv.de Zuletzt geprüft am 29.05.2024

(224) „Wie die AfD die Demokratie aushebeln könnte" auf: www.n-tv.de Zuletzt geprüft am 29.05.2024

(225) „Quoten nutzen nur „dummen, faulen, hässlichen Frauen"„ auf: www.faz.net Zuletzt geprüft am 29.05.2024

EPILOG

Mit jedem Wahlsieg der AfD verliert die Demokratie. Jede Anbiederung an ihre politischen Forderungen erschöpft das soziale Miteinander. Rechtsextreme Hetze destabilisiert die Gesellschaft. Die Demokratie steht spürbar unter Druck. „Es ist eine ziemlich gefährliche Situation", warnt Gewalt- und Rechtsextremismusforscher Wilhelm Heitmeyer. Es sind „Anzeichen einer Durchrohung unserer Gesellschaft".[231] Täglich werden mindestens neun Menschen Opfer rechter, rassistischer oder antisemitischer Gewalt.[232] Die Zahl der politischen Straftaten liegt nach dem Rekordjahr 2023 erneut auf einem neuen Hoch. Zahlen, hinter denen sich menschliche Schicksale verbergen. Gesellschaftliche Diskurse lädt die AfD weiterhin bewusst emotional auf. Brandherde werden vor allem virtuell geschürt. Geheime rechtsextreme Zirkel, die in Potsdam Pläne einer gewaltsamen „Remigration" diskutierten, rüttelten etwa 3,6 Millionen Menschen wach. Das Geheimtreffen konfrontierte die Mehrheitsgesellschaft mit den Plänen dieser Bewegung. Die anschließenden Demonstrationen mahnten auch „die Politik" an, verstärkt zu handeln und sich von den Rechtsextremist:innen das Thema Asyl und Einwanderung nicht diktieren zu lassen. Vielen mag auch erst die Radikalität hinter diesem Vorhaben bewusst geworden sein. Neue Handlungsoptionen sind notwendig, bestehende Demokratieprojekte gilt es zu verstetigen. Zivilgesellschaftliche Organisationen wie die Amadeu-Antonio-Stiftung haben sich bereits im letzten Jahr dazu entschieden, 2024 „mit einem beachtlichen Schwerpunkt Projekte im Osten des Landes finanziell zu unterstützen, die sich gegen den Rechtsruck organisieren".[233]

Doch ein Grund, warum rechtsextreme Positionen so virulent werden, wird oft nicht thematisiert. Die Rechtsextremismusexpertin des Spiegel Ann-Katrin Müller forderte am 13. Juni 2024 auf X: „Die soziale Frage muss wieder in den Mittelpunkt rücken." Sie schreibt: „Wenn wieder mehr Menschen das Gefühl haben, dass es gerecht im Land zugeht, gibt es weniger Anknüpfungspunkte für menschenfeindliche und rassistische Parteien und ihre Parolen." Nach den „Remigrations"-Plänen in Potsdam wurde die Forderung nach einem Parteiverbot virulenter: Genug ist genug, schien der Sound aus der

(226) „AfD-Politiker Höcke unterstützt Haverbeck" auf: www.ndr.de Zuletzt geprüft am 29.05.2024.

(227) „AfD-Abgeordneter setzte sich für Holocaustleugner Mahler ein" auf: www.t-online.de Zuletzt geprüft am 30.05.2024

(228) „Höckes 5-Punkte-Plan für den Fall, dass die AfD Thüringen regiert" auf: www.mdr.de Zuletzt geprüft am 30.05.2024.

(229) „Warum die Machtübernahme durch die AfD schon früher beginnen könnte, als viele glauben" auf: www.verfassungsblog.de Zuletzt geprüft am 01.07.2024.

(230) „Das Thüringen-Projekt" auf: www.verfassungsblog.de Zuletzt geprüft am 02.06.2024

(231) Er ist Senior-Professor am Institut für interdisziplinäre Konflikt- und Gewaltforschung der Universität Bielefeld, dessen Direktor er von 1996 bis 2013 war. „Konfliktforscher: ‚Wir leben in einer Durchrohung der Gesellschaft'" auf: www.ardaudiothek.de Zuletzt geprüft am 07.05.2024

(232) „Demokratieförderung in Gefahr: Kürzungen jetzt stoppen!" auf: www.weact.campact.de Zuletzt geprüft am 02.07.2024

> „Es scheint nur noch eine Frage der Zeit, bis die rechtsextreme Partei in einem Bundesland die Mehrheit erringt und als Regierungspartei damit beginnt, demokratische Grundfesten niederzureißen. Auch die NSDAP kam nicht per Gewalt an die Macht, sondern durch Wahlen – und Koalitionen"

Mitte der Gesellschaft zu sein. Der Anti-Fake-News-Blog *Volksverpetzer* forderte gemeinsam mit vielen anderen den Bundesrat auf, die Prüfung eines Verbots der AfD beim Bundesverfassungsgericht zu beantragen. Über 800.000 Menschen unterzeichneten das Anliegen.[234] Die Kampagnenplattform *Campact* startete einen Appell, dass antidemokratische Stiftungen wie die AfD-nahe Desiderius-Erasmus-Stiftung keine Steuergelder erhalten sollten, rund 417.000 Menschen unterzeichneten ihn.[235] Den „Nie wieder ist jetzt"-Ansagen stehen aber finanzielle Ambivalenzen entgegen. Im Bundeshaushalt 2025 drohen massive Kürzungen bei Initiativen und Vereinen, die unverzichtbar für ein soziales Miteinander sind. Wer hier spart, spart an der Demokratie. Betreuungs-, Bildungs-, und Beratungsinitiativen, Kultur- und Sozialschaffende werden in ihrer Existenz bedroht. Stehen vor dem Aus. Menschen, die Diskriminierung erfahren, bleiben auf sich selbst gestellt. Auch das Vorhaben, durch eine Novelle des Gemeinnützigkeitsrechts beispielsweise das Engagement von Vereinen rechtssicher zu gestalten, bleibt die Regierung bislang schuldig.[236] Durch rigide Sparprogramme werden Angebote der politischen Bildung, Freiwilligendienste oder Träger der Jugendhilfe geschwächt. Dadurch entstehen weiße Flecken, die von Rechtsextremist:innen missbraucht werden, indem sie sich als vermeintlich fürsorgliche Kraft, dem Volk verpflichtet, inszenieren können. Dieses Problem trifft die gesamte Gesellschaft.

Die AfD, die das „System" so sehr ablehnt, kassiert dagegen Millionen vom Staat. Auch die Spendenbereitschaft von Unternehmer:innen und Privatpersonen für rechtsextreme Anliegen scheint ungebrochen. Es scheint nur noch eine Frage der Zeit, bis die rechtsextreme Partei in einem Bundesland die Mehrheit erringt und als Regierungspartei damit beginnt, demokratische Grundfesten niederzureißen. Auch die NSDAP kam nicht per Gewalt an die Macht, sondern durch Wahlen – und Koalitionen. In Thüringen wurde die NSDAP erstmalig am 23. Januar 1930 an einer Landesregierung beteiligt. Sie stellte mit Wilhelm Frick den Innen- und Volksbildungsminister. Ein Mann, der fünfzehn verheerende Jahre später vor dem Internationalen Militärgerichtshof in Nürnberg als Hauptkriegsverbrecher eingestuft und 1946 hingerichtet wurde. „Demokratien sterben nicht mehr durch einen Putsch, sie sterben durch eine schleichende Normalisierung von demokratiefernen, von antidemokratischen Positionen. Das ist, was die AfD beabsichtigt, eine Normalisierung ihrer Positionen, ein Einsickern in gesellschaftliche Diskurse, um irgendwann die Macht übernehmen zu können",[237] warnt Matthias Quent vom Jenaer Institut für Demokratie und Zivilgesellschaft. „Rechtsextremismus ist die größte Gefahr der Gesellschaft", erklärte 2021 auch Innenministerin Nancy Faeser bei ihrem Antritt als Bundesinnenministerin. Im März 2022 kündigte sie einen umfassenden Aktionsplan gegen Rechtsextremismus an. Er scheint bisher nicht ganz ausgearbeitet. Doch die Zeit läuft.

Beratungsteams, Betroffenenberatungen oder Distanzierungsangebote haben bislang keinerlei finanzielle Sicherheiten für 2025. Der Haushalt des Bundesamtes für Verfassungsschutz wurde in den vergangenen zehn Jahren bis 2022 dagegen verdoppelt.[238] Nach dem islamistischen Mord an dem Polizisten Rouven L. im Juni 2024 in Mannheim forderte FDP-Finanzminister Christian Lindner künftig weitere Mittel für die innere Sicherheit. Der Geheimdienst, dem Expert:innen eine Mitverantwortung an den Verbrechen des NSU vorwerfen, kann aber nicht das ausschließliche Instrumentarium sein, um Ideologien der Ungleichheit in der gesellschaftlichen Mitte aufzuzeigen und ihnen wirksam entgegenzutreten. Doch genau diese Diskursverschiebungen zu rassistischen, antisemitischen oder auch queerfeindlichen Ressentiments bestärken gewalttätige Angriffe. Diesen bedrohlichen Entwicklungen kann nur dann zivilgesellschaftlich effektiv entgegengewirkt werden, wenn Projekte und Regelstrukturen finanziell auf festem Boden stehen.

Die Medien in ihrer Vielfalt sind angehalten, weiterhin die Hintergründe des politischen Auftretens der AfD zu analysieren und transparent werden zu lassen. Diese Herausforderung bedingt, dass geplante Kürzungen von Sendezeiten, insbesondere bei politischen Fernsehmagazinen, nicht vorgenommen werden sollten. Die effektive Auseinandersetzung mit dem Rechtsextremismus bedarf einer demokratischen und

(233) „Kampf gegen Rechts heißt Kampf gegen Antisemitismus und Rassismus" auf: www.belltower.news Zuletzt geprüft 30.05.2024

(234) „800.000 fordern Prüfung von AfD-Verbot" auf: www.zdf.de Zuletzt geprüft 01.07.2024.

(235) „Erfolge aus 20 Jahren Campact" auf: www.blog.campact.de Zuletzt geprüft am 15.07.2024.

(236) „Wann kommt der Fortschritt für die Zivilgesellschaft?" auf: www.faz.net Zuletzt geprüft am 02.05.2024.

(237) „„Selbstverharmlosung": Die Medienstrategie der AfD" auf: www1.wdr.de Zuletzt geprüft am 01.07.2024.

(238) „Wofür der Verfassungsschutz Geld bekommt" auf: www.tagesschau.de Zuletzt geprüft am 30.06.2024.

(239) „Von Lucke: „Die AfD wird geschlagen werden"" auf: www.n-tv.de Zuletzt geprüft am 01.07.2024

(240) Mann, Thomas (1995): Der Zauberberg, S. 704.

(241) „Vielfalt ohne Alternative!" auf: www.der-paritaetische.de Zuletzt geprüft am 01.07.2024.

menschenrechtsorientierten Medienlandschaft. Kritik ist wichtig, doch öffentlich-rechtliche Medien sollten vor dem Zugriff der AfD geschützt werden. „Eine AfD, die hart inhaltlich konfrontiert wird, die verliert auch Prozente, die ist dann nicht so unangefochten, wie man sie letztlich hat unangefochten sein lassen, weil man sie nicht attackiert hat",[239] sagt Politikwissenschaftler Albrecht von Lucke. Der Kurs der Konfrontation meint nicht die Kontroverse in Talkshows, sondern eine Begrenzung der Unerträglichkeit. Engagierte Menschen, Medien, Politiker:innen sollten der AfD, die auf die Verrohung des Diskurses abzielt, kein Podium bieten. Die Abgrenzung – einen Cordon sanitaire – gilt es wieder einzuhalten. Ein Sperrgürtel kann auch die Ausgrenzung bedingen, zum Erhalt der Demokratie. Das ist keine Intoleranz. Im *Zauberberg* mahnt Thomas Mann an, „dass Toleranz zum Verbrechen wird, wenn sie dem Bösen gilt".[240]

Diese Grenzziehung gegen das von Mann literarisierte „Böse" streben schon nicht minder unabhängige Initiativen wie etwa die Omas gegen Rechts, aber auch antifaschistische Projekte an. Die älteren Damen (und mittlerweile auch Herren) bringen Demokratie- und Menschenfeinden inzwischen bundesweit energischen Widerspruch entgegen. Der Deutsche Gewerkschaftsbund mit seine Einzelgewerkschaften tritt mit betrieblichen Kampagnen der AfD und dem gesamten Rechtsextremismus entgegen. Der Paritätische Gesamtverband hat unter dem Titel *Im Namen der Toleranz sollten wir uns das Recht vorbehalten, die Intoleranz nicht zu tolerieren* klar Stellung gegen Ideologien der Ungleichwertigkeit und die AfD bezogen.[241] Auch der Arbeiter-Samariter-Bund begründet seine Ablehnung von Geschäftsbeziehungen mit der AfD in einer Erklärung.[242] Der Bundesvorstand des Weißen Rings beschloss, keine Spenden der Partei mehr anzunehmen und „dass künftig niemand ehren- und hauptamtliche Funktionen im Weißen Ring ausüben kann, der gleichzeitig öffentlich für Parteien oder Organisationen aktiv ist, die Rassismus, Antisemitismus und Fremdenfeindlichkeit vertreten".[243] Die Bischofskonferenz der Vereinigten Evangelisch-Lutherischen Kirche Deutschlands hat zum Abschluss ihrer Klausurtagung in Dresden am 19. Mai 2024 eine klare Warnung vor der AfD ausgesprochen: „Es alarmiert uns, dass 75 Jahre nach Verabschiedung des Grundgesetzes in Deutschland erneut antidemokratische Kräfte an die Macht streben."[244] Schon im April beschloss die Synode der Evangelischen Kirche Berlin-Brandenburg-schlesische Oberlausitz, dass angesichts der „erkennbaren weiteren Radikalisierung der AfD" eine „Mitgliedschaft oder tätige Unterstützung dieser Partei" unvereinbar mit dem christlichen Bekenntnis sei. Dies bedeute eine Unvereinbarkeit mit Ämtern und Aufgaben wie dem Ältestenamt sowie den Ämtern im Verkündigungsdienst in der Landeskirche.[245] Im Februar 2024 erklärte die Deutsche Bischofskonferenz, dass „völkischer Nationalismus und Christentum" unvereinbar seien. Niedersächsische Landkreise und die Region Hannover positionieren sich klar „für die freiheitlich-demokratische Grundordnung, für Pluralismus, für Toleranz und für eine lebendige Zivilgesellschaft", wie der Landkreistag im Januar 2024 verkündete. Unternehmer:innen wie der „Schraubenkönig" Reinhold Würth oder jüngst Reiner Schümer, Geschäftsführer der in Bremen ansässigen Hübotter-Gruppe, richten sich in eindringlichen Appellen zur Wahl demokratischer Parteien an die Menschen.[246]

> „Im Zauberberg mahnt Thomas Mann an, ‚dass Toleranz zum Verbrechen wird, wenn sie dem Bösen gilt'"

(242) „Stellungnahme des ASB zur Verweigerung eines Erste-Hilfe-Kurses für die AfD" auf: www.asb.de Zuletzt geprüft am 01.07.2024

(243) „Jörg Ziercke zum neuen Bundesvorsitzenden des WEISSEN RINGS gewählt" auf: www.weisser-ring.de Zuletzt geprüft am 01.07.2024

(244) „Die AfD tritt das christliche Menschenbild mit Füßen" auf: www.ekd.de Zuletzt geprüft am 01.07.2024.

(245) „Evangelische Kirche: Keine Ämter an AfD-Leute" auf: www.zdf.de Zuletzt geprüft am 14.07.2024.

(246) „Unternehmer Würth rät Mitarbeitern von AfD ab" auf: www.tagesschau.de Zuletzt geprüft am 14.07.2024.

(247) „Von Skingirls und Walküren bis Tradwives und Rebellinnen – Wandel und Kontinuität von Frauen*bildern in der extremen Rechten" auf: www.fempinetzwerk.wordpress.com- Zuletzt geprüft am 14.07.2024.

(248) „Klare Kante gegen Rassismus und Ausgrenzung" auf: www.klub.eintracht.de Zuletzt geprüft am 14.07.2024

Das Netzwerk Feministische Perspektiven und Interventionen gegen die (extreme) Rechte fordert eine Vernetzung und Positionierung gegen die AfD: „Wir wollen und können nicht dabei zusehen, wie wichtige, jahrzehntelange Errungenschaften für Gleichberechtigung und Emanzipation, für queere Selbstbestimmung und demokratische Mitwirkung durch rechte Parteien (...) rückgängig gemacht werden. Wir wollen nicht dabei zusehen, wie Gender-Lehrstühle an Hochschulen gestrichen, sexualisierte Gewalt bagatellisiert oder menschenfeindliche Positionen in den Medien zur Tagesordnung werden. Der AfD gehören keine Rosen auf den Weg gestreut, sondern alle Formen der Zusammenarbeit verweigert."[247] Einige Fußballvereine wie Eintracht Frankfurt zeigen „klare Kante gegen Rassismus und Ausgrenzung".[248] Die AfD bedroht ein faires Miteinander. Es liegt an jedem Einzelnen, dem nicht tatenlos zuzusehen und zu glauben, das Problem werde sich schon von alleine erledigen. Differenzen, Kritik zu- und untereinander gehören zu einer lebendigen Demokratie. Den Intoleranten aber sollten solche Konflikte nicht zuspielen. Den Ruf nach einem härteren Vorgehen und gefährlicher Autorität bedient die AfD, Nachahmung ist ein Irrweg. Der Staat, die Politik, die Medien und die Zivilgesellschaft können bei antidemokratischen Bestrebungen verwoben mit einer gruppenbezogenen Menschenfeindlichkeit erfolgreich dagegenhalten. Dafür bedarf es nachhaltiger und vielfältiger Konzepte eines gemeinsamen Vorgehens. Damit sollte lieber heute als morgen begonnen werden.

ANDREA RÖPKE

Journalistin, Autorin und Referentin
mit dem Themenschwerpunkt
Rechtsextremismus

ANDREAS SPEIT

Journalist und Publizist und Autor
zu den Themen Rechtsextremismus
und Neonazismus in Europa

Gilbert Baker Pride (1977)

Gilbert Baker Pride (1978)

traditionelle Gay Pride (2000)

Philadelphia People of Color-Inclusive (2017)

Transgender

Genderqueer

Nichtbinär

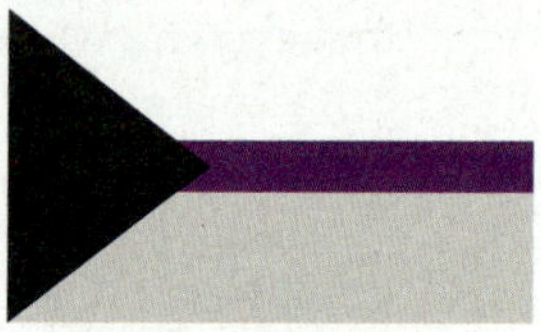
Demisexuell

Bigender

Genderfluid

Agender

Asexuell

Polyamor

Demiromantisch

Aromantisch

Pansexuell

Intergeschlechtlich

Straight Ally

Cis-Hetero

Polysexuell

Schwul

Lesbisch

Bisexuell

Abrosexuell

Flaggen zur sexuellen Orientierung und Geschlechtsidentität

Auf die Reihenfolge kommt es an! Die Streifen der Pace-Flagge, seit den 1960er-Jahren Symbol der internationalen Friedensbewegung, sind in den Farben des Regenbogens angeordnet.

Nur steht dieser Regenbogen auf dem Kopf – unten Rot und oben Violett. Richtig herum sind die Streifen dagegen auf der Regenbogenflagge, die die LGBTQ+-Gemeinschaft verwendet.

Der Aktivist und Künstler Gilbert Baker entwarf ihr Design 1978. Ursprünglich hatte die Flagge acht Streifen. Der oberste war pink – eine Farbe, die damals aber noch nicht industriell gedruckt werden konnte.

Von den sieben verbliebenen Streifen verschwand bald auch der türkise zugunsten einer geraden Anzahl. 2017 erweiterte Daniel Quasar die Flagge um einen Keil aus fünf farbigen Streifen auf der linken Seite. Sie wird Progress-Flagge genannt.

Die Farben Weiß, Rosa und Hellblau symbolisieren die trans* Gemeinschaft. Darauf folgen ein brauner und ein schwarzer Streifen als Zeichen gegen Rassismus und Ausgrenzung.

FLUGHÄFEN

 Εἷς τὸ ὄνομα τοῦ πατρὸς καὶ τοῦ υἱοῦ καὶ τοῦ ἁγίου πνεύματος. Ἀμήν. TOT PRAETORES, TOT CONSULES IN SICILIA CUM IN PACE TUM ETIAM IN BELLO FUER UNT, TOT HOMINES Hey Mr. Tambourine man, play a song for me In the jingle jangle morning I'll come following you ROFL LOL LMAO AFK WTF OMG SRY XOXO ASAP 4U IMHO ;-) 

Sprachevolution

Die älteste Malerei der Welt ist etwa 43.900 Jahre alt. Auf einer Felswand in der Höhle von Leang Bulu' Sipong im heutigen Indonesien befinden sich Darstellungen von mehreren Tieren und Mischwesen aus Tieren und Menschen, die mit dunkelroten Farben gemalt wurden. Die ersten digitalen Emojis wurden in den Neunzigerjahren vom Japaner Shigetaka Kurita für den japanischen Mobilfunkanbieter Docomo entworfen, obwohl Ludwig Wittgenstein schon 1938 darauf aufmerksam gemacht hat, dass gezeichnete Gesichtsausdrücke viel aussagekräftiger wären als Adjektive.

Finde den Korb mit Wein
Wimmelbild

Tierlaute

Wenn du einen Hahn in einem Wohngebiet halten willst, darf er erst ab acht Uhr krähen. Am Wochenende und an Feiertagen muss er sogar noch eine Stunde länger warten, da wird erst ab neun gekräht, sagt der Deutsche Mieterbund.

kykkeliky
nøff nøff
mø
voff voff
ck-a-doodle-doo
mjau
hau hau
ammuu
mu
kukariku
krju krju
gav gav
quack
nöff nöff
prääks
näu
pēk pēk
kikerigū
ruk ruk
rap
moo
blaf blaf
knor knor
kvykt
kvykt
gav gav
krju krju
myau
oink oink
boeh
mu
meow
quak quak
hau hau
mjau mjau
kukariku
chrum chrum
miau
kukuryku
oink oink
kikeriki
niav
miał
krju krju
bú
miaou
muh
káč káč
kvik kvik
buu
mu
gav gav
meuh
chaau chaa chaau chaa
wau wau
kukariku
kukurigu
bau bau
röf röf
groh groh
cocorico
bú
háp háp
miau miau
ham ham
coin
bau bau
ouaf ouaf
oinkoink
mu
grok grok
mac
kerikí
chicchirichì
av av
kvak
paa paa
ham
ham
mu
hunk hunk
miao
vak
kuak kuak
hev hev
miyav
niau
ü-ürü-üüü

Häufigste Sprachen in New York City

in Haushalt und Familie, ohne Englisch und Spanisch

- afrikanische Sprachen
- Arabisch
- Chinesisch
- Deutsch
- Französisch
- Französisch-Kreolisch
- Griechisch
- Hebräisch
- Hindi
- Italienisch
- Jiddisch
- Koreanisch
- Polnisch
- Russisch
- Urdu
- andere Sprache oder keine Daten

800 verschiedene Sprachen gibt es in New York City, also knapp dreimal so viele wie Wolkenkratzer (284). Damit ist NYC die Stadt mit den meisten gesprochenen Sprachen der Welt.

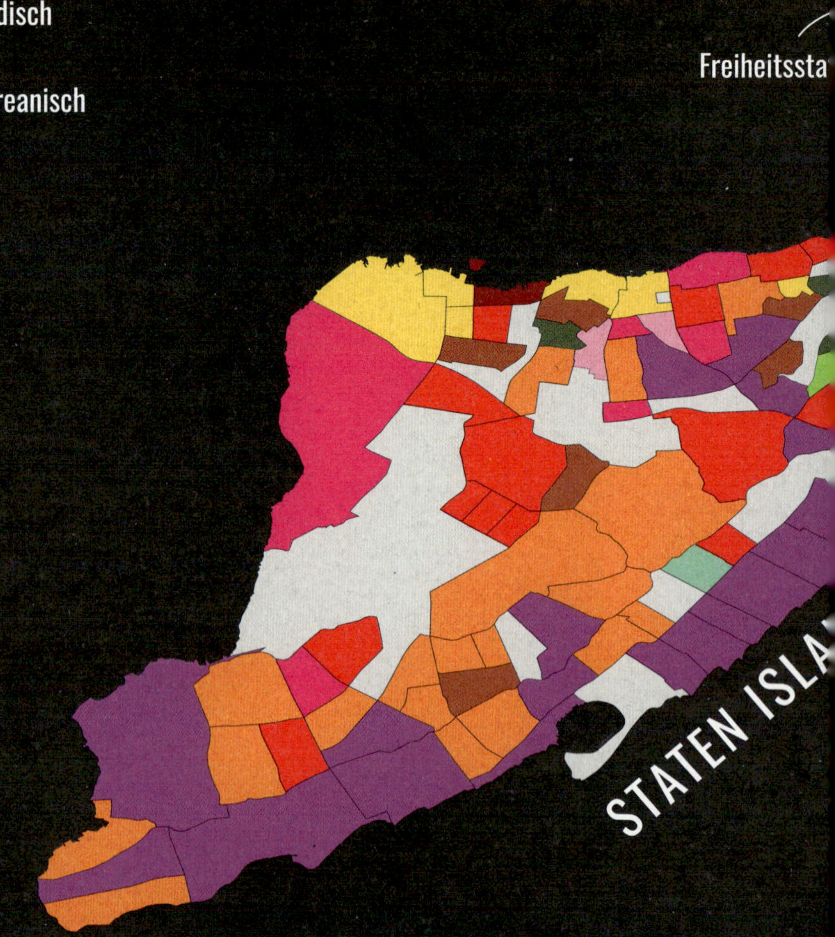

THE BRONX
MANHATTAN
Central Park
QUEENS
BROOKLYN
Coney Island Beach

Eindeutige Bandnamen

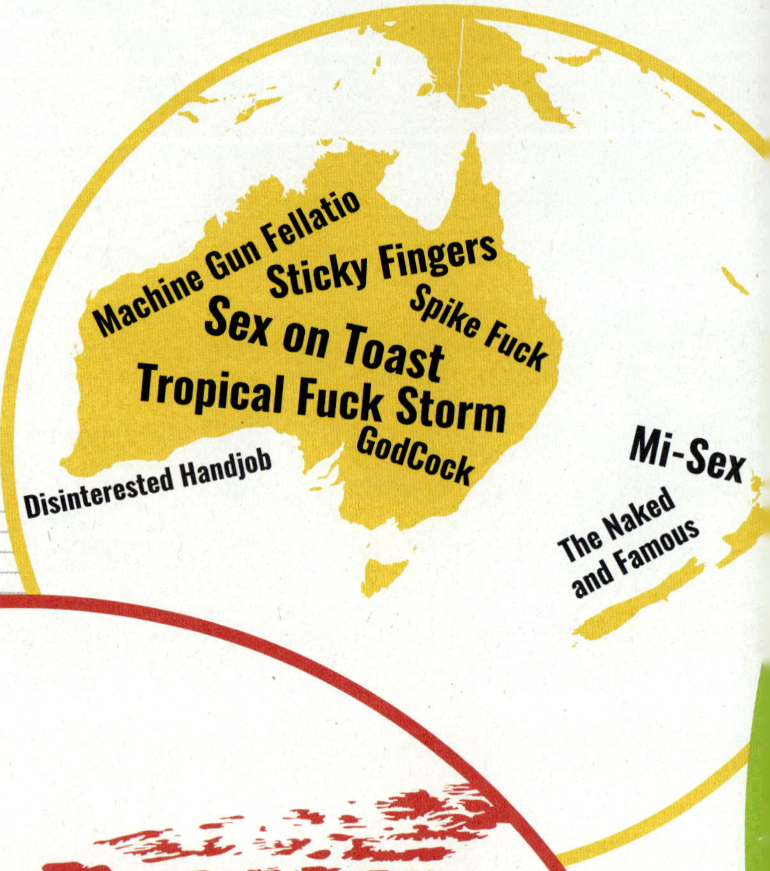

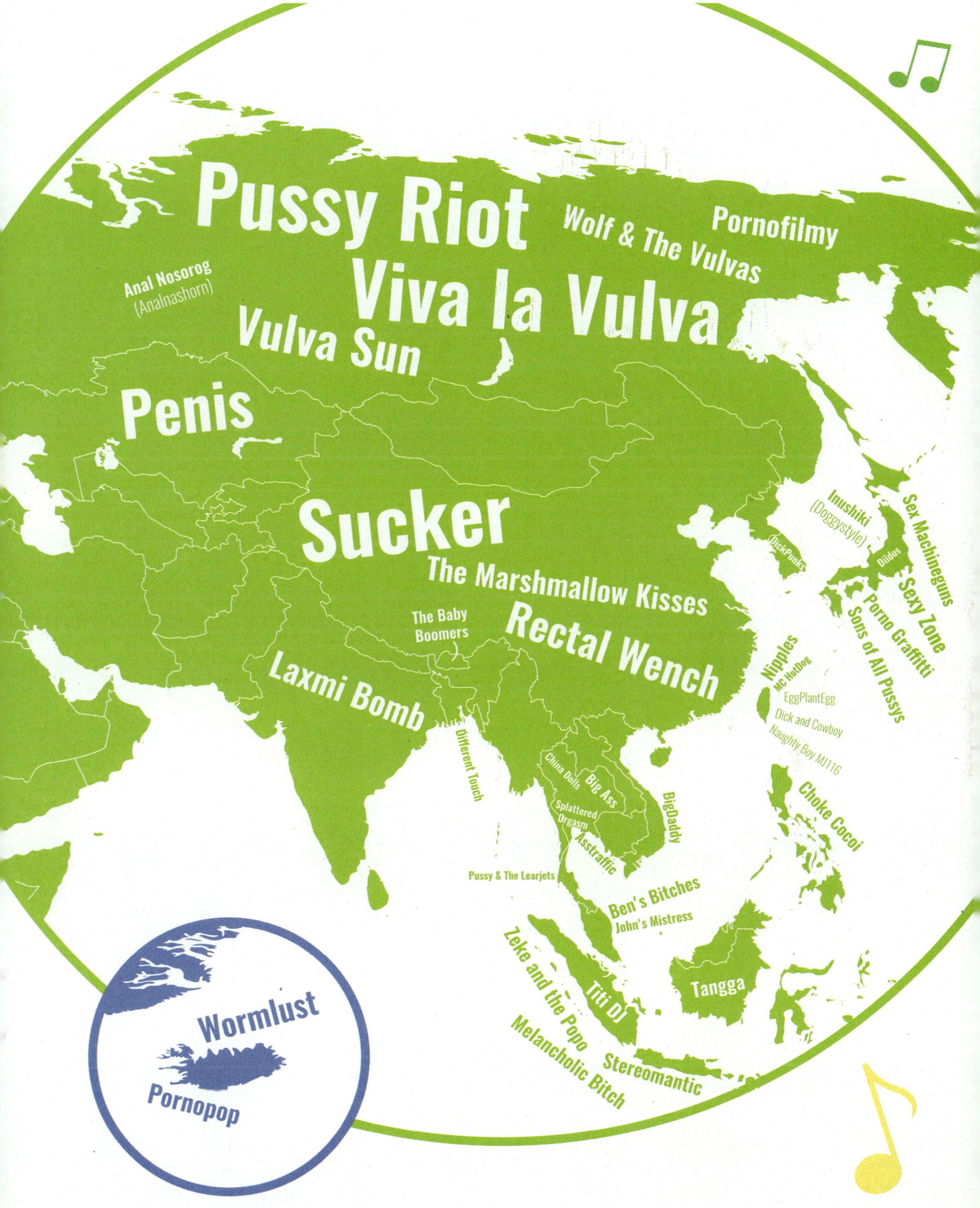
Pussy Riot
Wolf & The Vulvas
Pornofilmy
Anal Nosorog
(Analnashorn)
Viva la Vulva
Vulva Sun
Penis
Sucker
The Marshmallow Kisses
Inushiki
(Doggystyle)
DickPunks
Sex Machineguns
Dildos
Sexy Zone
Porno Graffitti
Sons of All Pussys
The Baby
Boomers
Rectal Wench
Nipples
MC HotDog
EggPlantEgg
Dick and Cowboy
Naughty Boy MJ116
Laxmi Bomb
Different Touch
China Dolls
Big Ass
Splattered
Orgasm
BigDaddy
Choke Cocoi
Asstraffic
Pussy & The Learjets
Ben's Bitches
John's Mistress
Zeke and the Popo
Titi DJ
Tangga
Melancholic Bitch
Stereomantic
Wormlust
Pornopop

Decaying Purity
Deep Inside
Erotik Karate
Noisy Sins of the Insect
Alien Fucker
Analgesia
Traxxx
Like Jelly
HellGasm
BLO
Peacocks Guitar Band
Richard Bona
Vibration
A Shared Sexual Experience
Dicky Mulwa
M'Pongo Love
Tanga
Malefuck
Dick Khoza
Tocky Vibes
Springbok Nude Girls
Dirty Motion
Swazi Virgin Girls
Fetish
Suck
HolySexyBastards
Los de Goma (Die aus Gummi)
Jóvenes y Sexys (Jung und sexy)
Pornomotora
Banco De Semen (Samenbank)
Sexores
Libido
Vulva Di Karamuju
Cansei De Ser Sexy (Keine Lust mehr, sexy zu sein)
Goat Semen
Raped By Pigs
Los Fuckin Sombreros
Blowjob Band
Bizarre Bondage
Corporation Porno
Vulvas em Transe (Vulven in Trance)
Perversum
Chilly Chilly Gang Bang
Motherfunk
Iguana Lovers
Vaginator
Nuclear Dildo Squad
Sexual Democracia
Los Calzones (Die Unterhosen)
Los Shakers
Fother Muckers

Vagina Grande
Sahara Hotnights
Army of Lovers
Sperm
Goat Vulva
69 Eyes
Anal babes
The Cumshots
Porn Sword Tobacco
Arsedestroyer
Viagra Boys
Whore
Alien Sex Fiend
Fuck Buttons
S'Express
Crazy Penis
Rockbitch
Whitesnake
Lust for Youth
Silence is Sexy
Rectal Smegma
Dreadlock Pussy
Sexdrome
Vonsuck
Everlust
Whore Glamourama
Oral Climax
GxFxTx (Good Fucking Time)
Fetish
Fantomas
Whip Girl
Iron Maiden
Sex Pistols
Buzzcocks
Virgin
Prunes
Hollywood Porn Stars
Dildo Warheads
Cliteater
DJ Porny
Revolting Cocks
Pornorama
The Vageenas
My Baby Wants To
Eat Your Pussy
Pussybox
The Fair Sex
Analog Pussy
Dildo Took A Taxi
Spermbirds
Armageddon
Dildos
Prinz Porno
Tokyo Ghetto Pussy
The Heroine Whores
Flowerpornoes
Ass To Mouth
Sexbomba
Pidżama Porno
(Pyjamaporno)
Dancing Stevek
& His Dildo
Clitoris Band
Fuck It All
Anal Grind
Rectal Terror
Sexual Purity
Vulvulator
The Prostitutes
Support Lesbiens
Flaming Cocks
Antonio Rosetti
Wank For Peace
Junesex
Excrementory
Grindfuckers
Lucia Popp
Sperm of Mankind
Vulvarine
Minisex
Fetish 69
Fuckhead
Sex Jams
Vulva Infernum
The
Pussywarmers
Naked Lunch
Psychedelic
Sexmachine
Vulvathrone
Nude
69
The Rocking Dildos
Sexy Sushi
Cojones
Nipplepeople
Električni
Orgazam
Jarabe de Palo
(Stabsirup)
ussyvibes
ng Dildos
Zensierten)
epsy
Tokyo Sex Destruction
The Bares Band
Love of Lesbian
Semen up
She Pleasures
Herself
Penis Cut
Hardcore Anal Hydrogen
Pussylovers
Porno Riviste
(Pornoheft)
Public
Perverts
Por-no
Vomit Erection
Anal Bag
Virgins O.R Pigeons
Semen Of The Sun
My Wet Calvin

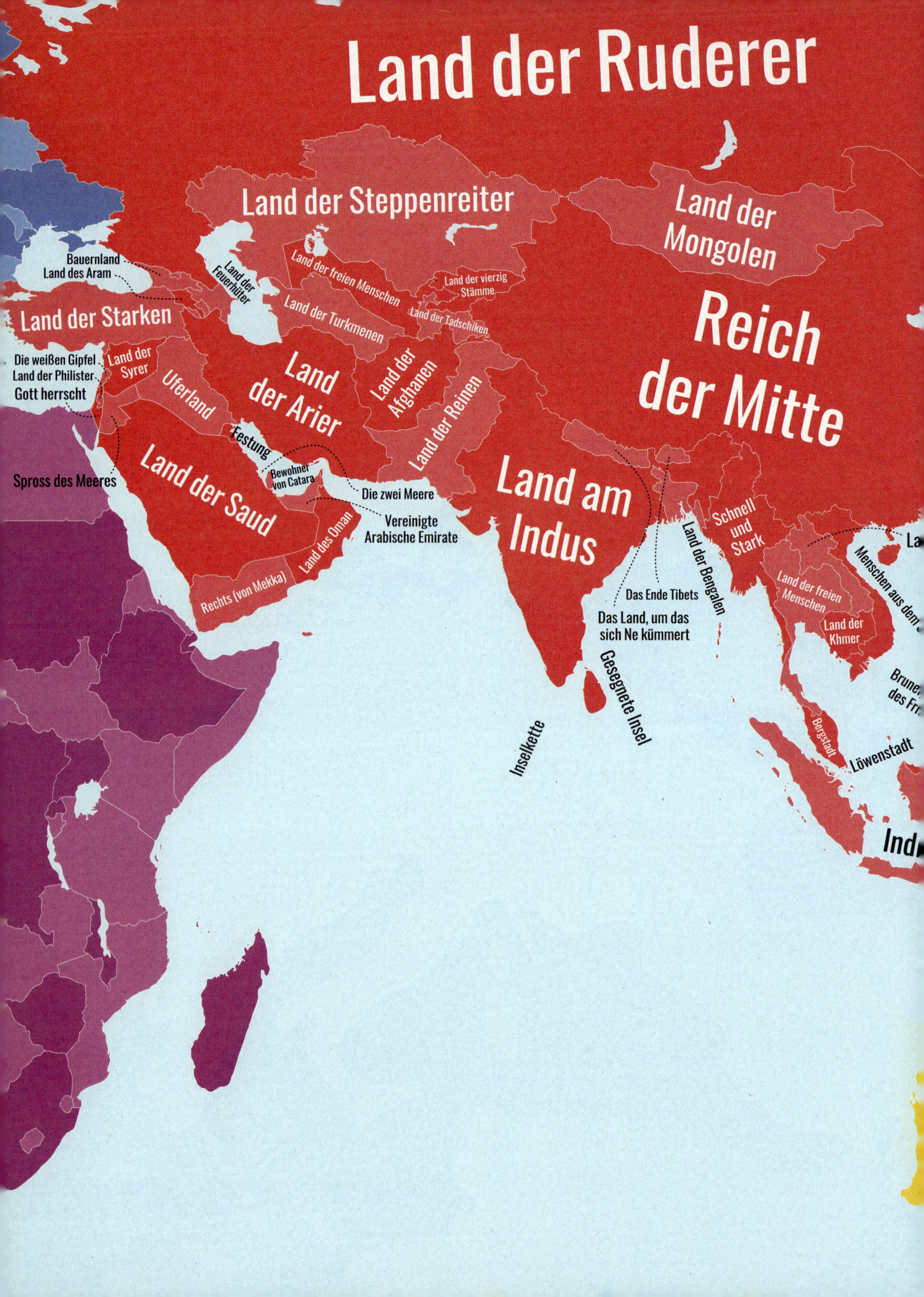

Land der Ruderer
Land der Steppenreiter
Land der Mongolen
Bauernland
Land des Aram
Land der Feuerhüter
Land der freien Menschen
Land der vierzig Stämme
Land der Turkmenen
Land der Tadschiken
Land der Starken
Reich der Mitte
Die weißen Gipfel
Land der Philister
Gott herrscht
Land der Syrer
Uferland
Land der Arier
Land der Afghanen
Land der Reinen
Festung
Bewohner von Catara
Die zwei Meere
Vereinigte Arabische Emirate
Spross des Meeres
Land der Saud
Land des Oman
Rechts (von Mekka)
Land am Indus
Das Ende Tibets
Das Land, um das sich Ne kümmert
Land der Bengalen
Schnell und Stark
Land der freien Menschen
Land der Khmer
Gesegnete Insel
Inselkette
Bergstadt
Löwenstadt

Die ursprüngliche Bedeutung aller Ländernamen

Eine Geschichte, wie der Inselstaat Samoa zu seinem Namen kam, geht so: Nach einer Sintflut sind nur noch Hühner und Tauben am Leben. Wieso? Die Tauben fliegen weg. Ein Gott rettet die Hühner (moa), indem er sie heiligt. Samoa heißt also: die heiligen Hühner. Passt, denn die Tauben sind ja weg.

Eine andere Geschichte geht so: Stress bei einer göttlichen Familie. Eine polynesische Gottheit hat zwei Kinder, die heiraten und wieder Kinder bekommen (Stress!) und den Großvater übertrumpfen wollen (Doppelstress!). Gibt Ärger, ein Enkel wird auf die Erde verjagt – und tauft sie Samoa. Eine dritte Geschichte vereint beide Storys miteinander. Der Typ, der die Hühner gerettet hat, gehört auch zu den Vorfahren der Manu'a-Könige. Diese sogenannte Moa-Familie könnte ihren Namen also davon ableiten. Was heißt dann Samoa? Klar: Geheiligte Hühner und Familie des Moa. Kompromisslösung.

Das Beispiel Samoas zeigt: In vielen Ländern ist der Namensursprung ungeklärt. Auch beim Erstellen dieser Karten wussten wir manchmal nicht genau, was die wirkliche Lösung ist. Wir mussten uns aber für eine entscheiden. Manchmal haben wir einfach die lustigere gewählt.

Westen
Die Inseln
Umland von Tunis
Land der Libu
Tempel der Seele von Ptah
Land der Mauri
Flusspferd
Fluss der Flüsse
Land des großen Sees
Land der Schwarzen
Land am roten Meer
Das Plateau
Schiffbarer Fluss
Urt des Königs
Schwarzes Bissau
Land der schwarzen Menschen
Land der ehrlichen Menschen
Land am Niger
Löwenberg
Freies Land
Elfenbeinküste
Das Königreich
Land am Wasser
Haus des Ärgers
Fluss der Garnelen
Republik im Zentrum Afrikas
Südliches Land der Schwarzen
Land der verbrannten Gesichter
Land der Somali
Sankt Thomas und Prinz
Land der schwarzen Menschen am Äquator
Kapuze
Königreich der Berge
Demokratische Republik der Berge
Land der Ruander
Land des Volks der Ganda
Weißer Berg
Land der Rundi
Land der Tanganika und Sansibar
Inseln des Moreau de Séchelles
Mondinseln
Land der Flammen
Land der N'gola
Land am großen Fluss
Land des Musa al-Biq
Madageiscar/Mogadischu
Land des Gouverneurs Ma
van Nassau
Leerer Platz
Land der Tswana
Steinhäuser
Süden Afrikas
Königreich der Swazi
Land der Sotho

Eisland
Weg nach Norden
Land der Freien
Land der Fischschuppen-tragenden
Uferbewohner
Waldroder
Rinnwasser-land
Niedergrenzland
Land der Ériu
Großes Land der Bretonen
Flache Ländereien
Weißes Ruthenien
Land der Belger
Volksland
Land der Felder
Grenzland
Land der Tschechen
Land der Sprechenden
Kleine Burg
Heller Stein
Land der Freien
Brandroden
Östliches Reich
Die zehn Pfeile
Dunkler Fluss
Menschen aus Rom
Land der Sprechenden
Auf dem Bergkamm
Sankt Marinus
Kälberland
Einzelnes Haus
rmer Hafen
Land vieler Kaninchen
Strauchbedecktes Land
Land am Bosna und des Herzogs
Land der Verbündeten
Land der Gemischten
Amselfeld
Land der Großen
Schwarzer Berg
Felsland
Stadt auf dem Hügel Vaticanus
Land der Hellenen
Zufluchtsort
Insel aus Kupfer

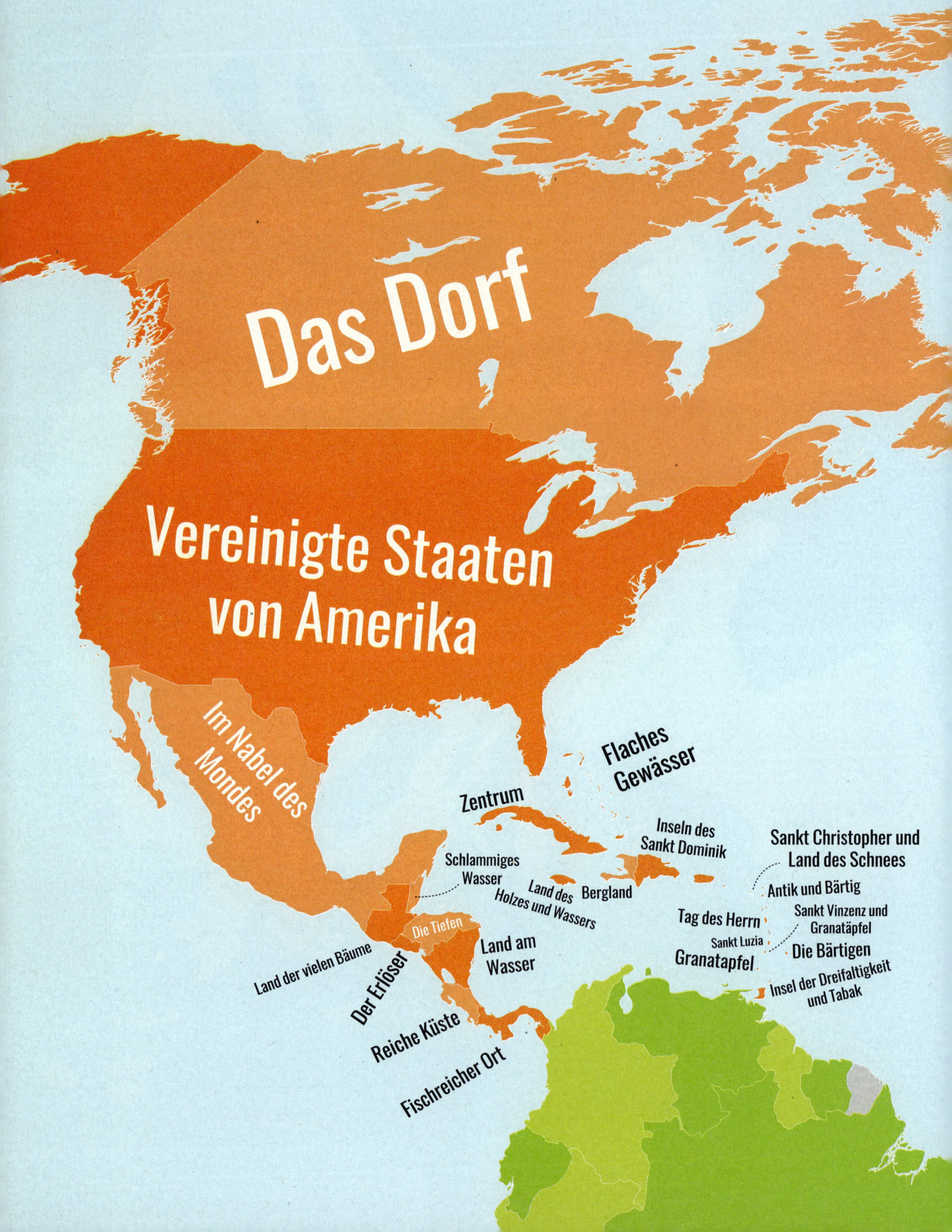
Das Dorf
Vereinigte Staaten von Amerika
Im Nabel des Mondes
Flaches Gewässer
Zentrum
Inseln des Sankt Dominik
Sankt Christopher und Land des Schnees
Schlammiges Wasser
Land des Holzes und Wassers
Bergland
Antik und Bärtig
Tag des Herrn
Sankt Vinzenz und Granatäpfel
Die Tiefen
Sankt Luzia
Land am Wasser
Granatapfel
Die Bärtigen
Land der vielen Bäume
Der Erlöser
Insel der Dreifaltigkeit und Tabak
Reiche Küste
Fischreicher Ort

Land vieler Gewässer
Land der Surinen
Klein Venedig
Land des Kolumbus
Äquator
Rotholz
Der Fluss
Bolivars Land
Am Flussufer Geborene
Land am silbernen Fluss
Fluss der bunten Vögel
Ende der Welt

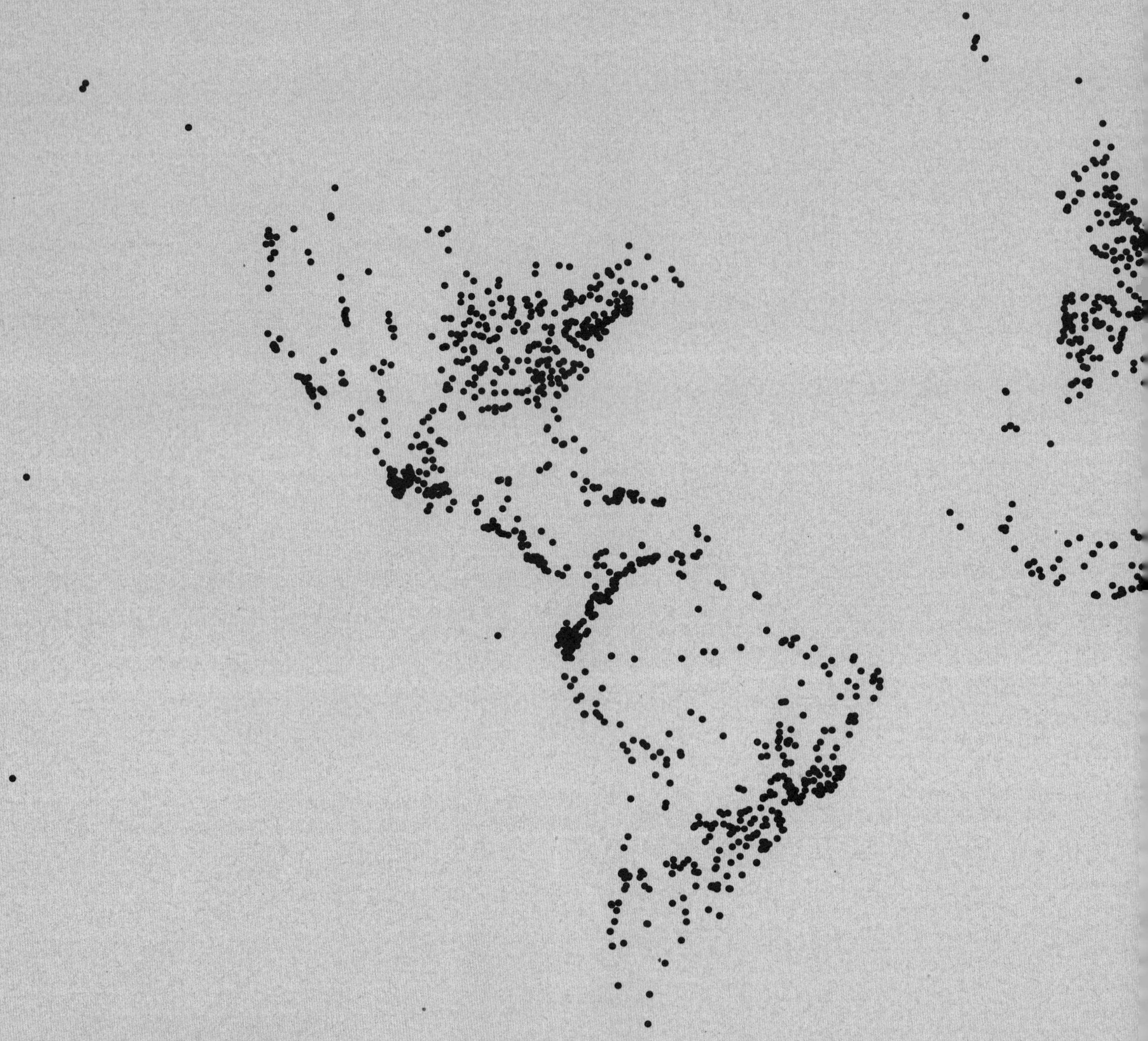

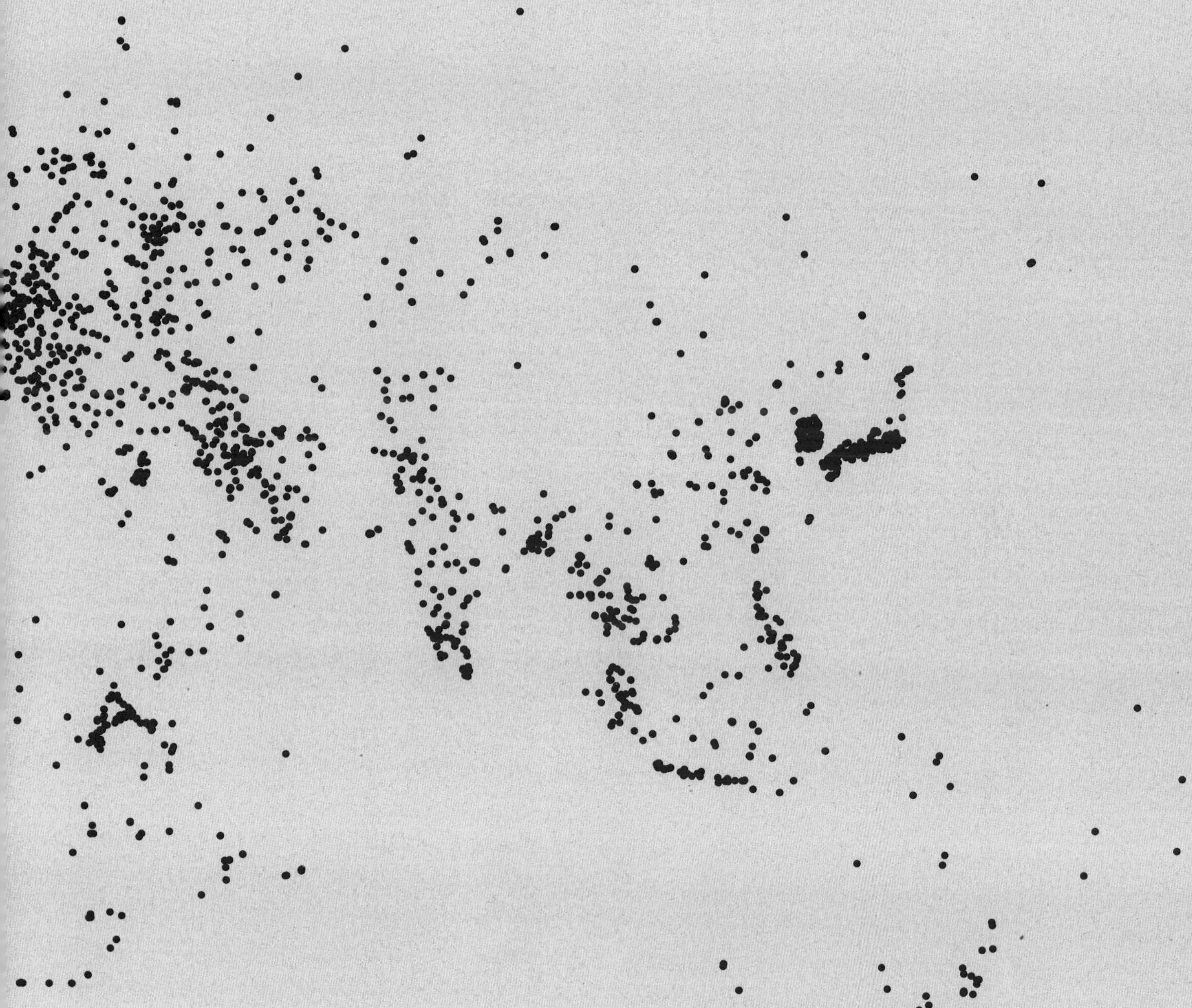

UNIVERSITÄTEN

Mittelfinger weltweit

beleidigende Handgesten

In Deutschland streckt man den Mittelfinger, Menschen in anderen Ländern verwenden andere Gesten. Gab auch schon ordentlich unangenehme Situationen. Zum Beispiel, als George Bush senior in Australien weilte. Er machte das Victory-Zeichen, zeigte dabei allerdings seinen Handrücken. In Australien heißt das: Fick dich ins Knie! Mit der gleichen Geste antwortete das Publikum dann auch dem Präsidenten.

Bedrohte Sprachen

kritisch gefährdet

ernsthaft gefährdet

gefährdet

Etwa 6.700 Sprachen gibt es auf der Erde, doch viele haben nur wenige Sprecher: 96 Prozent dieser Sprachen verteilen sich auf drei Prozent der Weltbevölkerung. Konservative Prognosen gehen davon aus, dass mehr als die Hälfte aller Sprachen bis zum Ende dieses Jahrhunderts aussterben wird. Hotspots des Sprachensterbens sind derzeit Australien, Nord- und Südamerika. Schwierig ist bisweilen die Unterscheidung, was eine eigene Sprache ist und was nur ein Dialekt.

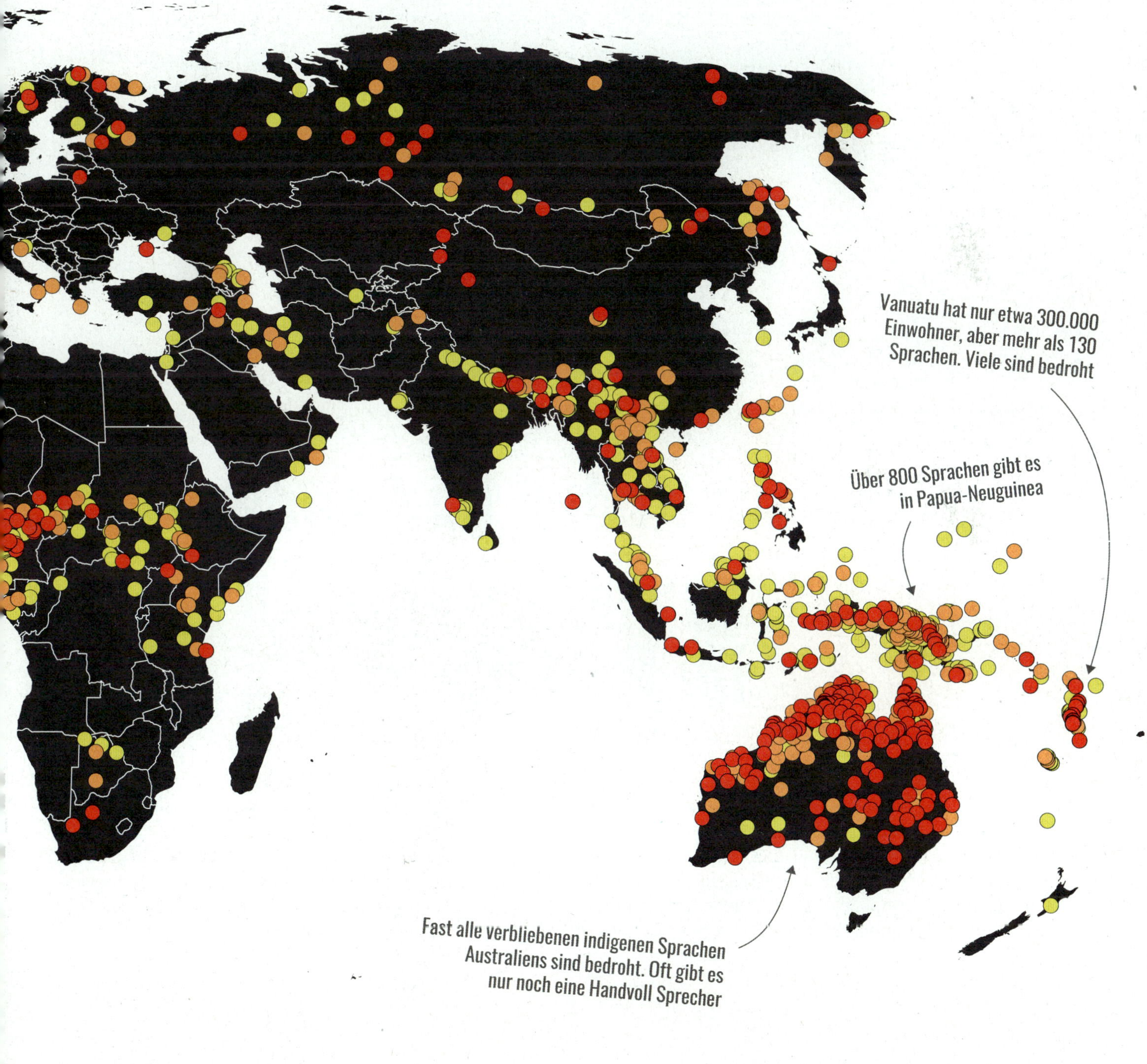

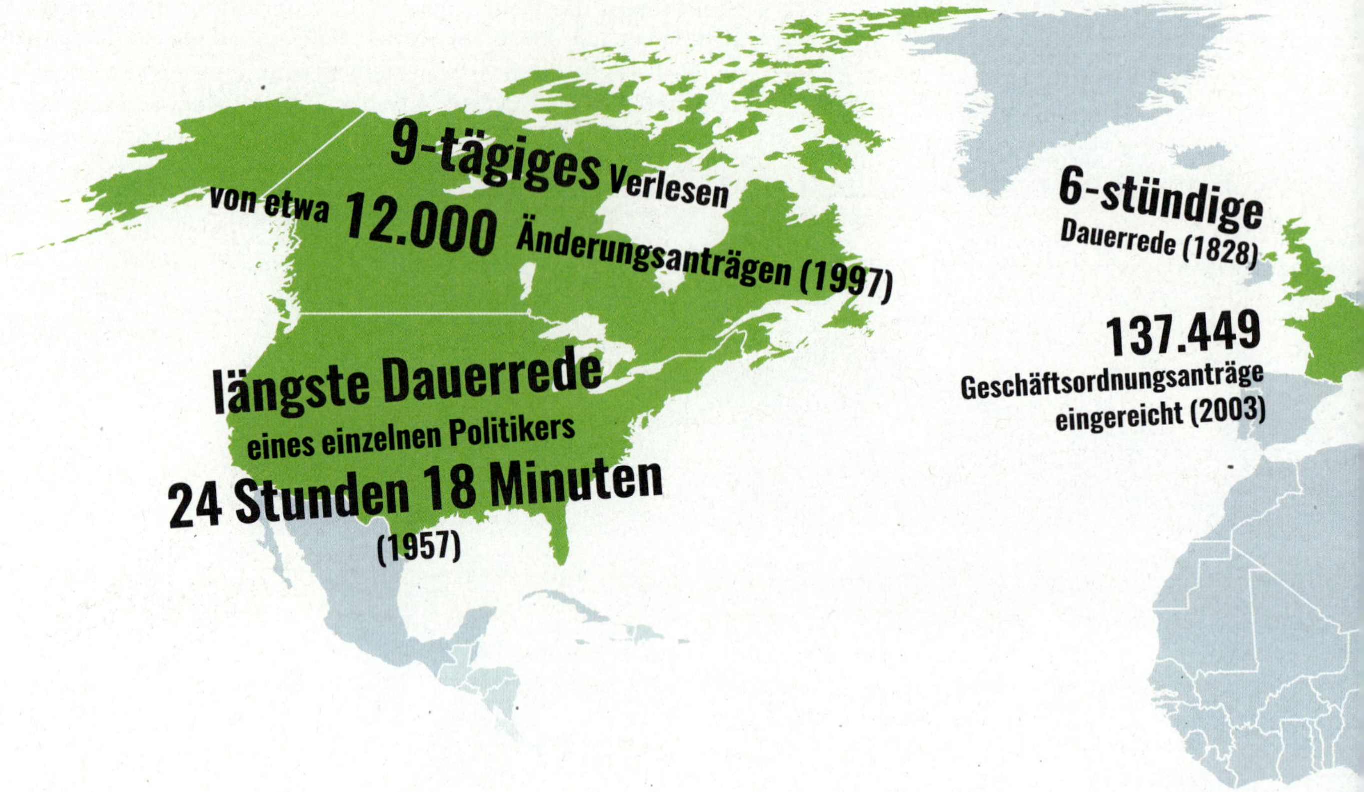

Längste Reden und andere Verzögerungstaktiken im Parlament

Im Alltag nervig, im Parlament schick: „Jemanden vollquatschen" nennt man auf Parlamentarisch *filibustern.* Es ist vor allem in den USA, aber auch weltweit, eine beliebte und bisweilen effektive Methode, Mehrheitsentscheidungen auszuhebeln. Ein Filibuster ist eine Ermüdungs- oder Dauerrede. Sie soll ein politisches Verfahren verzögern oder zum Scheitern bringen, indem Oppositionelle eine Abstimmung so lange blockieren, bis diese im „besten" Fall nicht mehr durchgeführt wird. Das ist durchaus möglich, denn die Arbeit des Parlaments kommt während eines Filibusters zum Stillstand. Den Rekord für die längste Rede eines einzelnen Politikers hält der US-Senator Strom Thurmond. Mit der Kraft des Rassismus hielt dieser am 28. und 29. August 1957 eine Rede von 24 Stunden und 18 Minuten, um ein Gesetz zu verhindern, das das Wahlrecht der schwarzen US-Bevölkerung garantieren sollte. Die letzten erfolgreichen Filibuster wurden

von den Republikanern durchgeführt. So brachte der damalige US-Präsident Obama beispielsweise ein Gesetz ein, das die Besteuerung von Einkommen über einer Million US-Dollar auf 30 Prozent anheben sollte („Buffett Rule"). Die Republikaner verhinderten das 2012 durch einen Filibuster. Im deutschen Parlament ist ein Filibuster im amerikanischen Stil nicht möglich, da die Redezeit der Bundestagsabgeordneten begrenzt ist.

Orgasmen

Wie kündigen Leute aus verschiedenen Ländern ihren Orgasmus an? Auf drei unterschiedliche Weisen: Ich komme, ich gehe, ich beende.

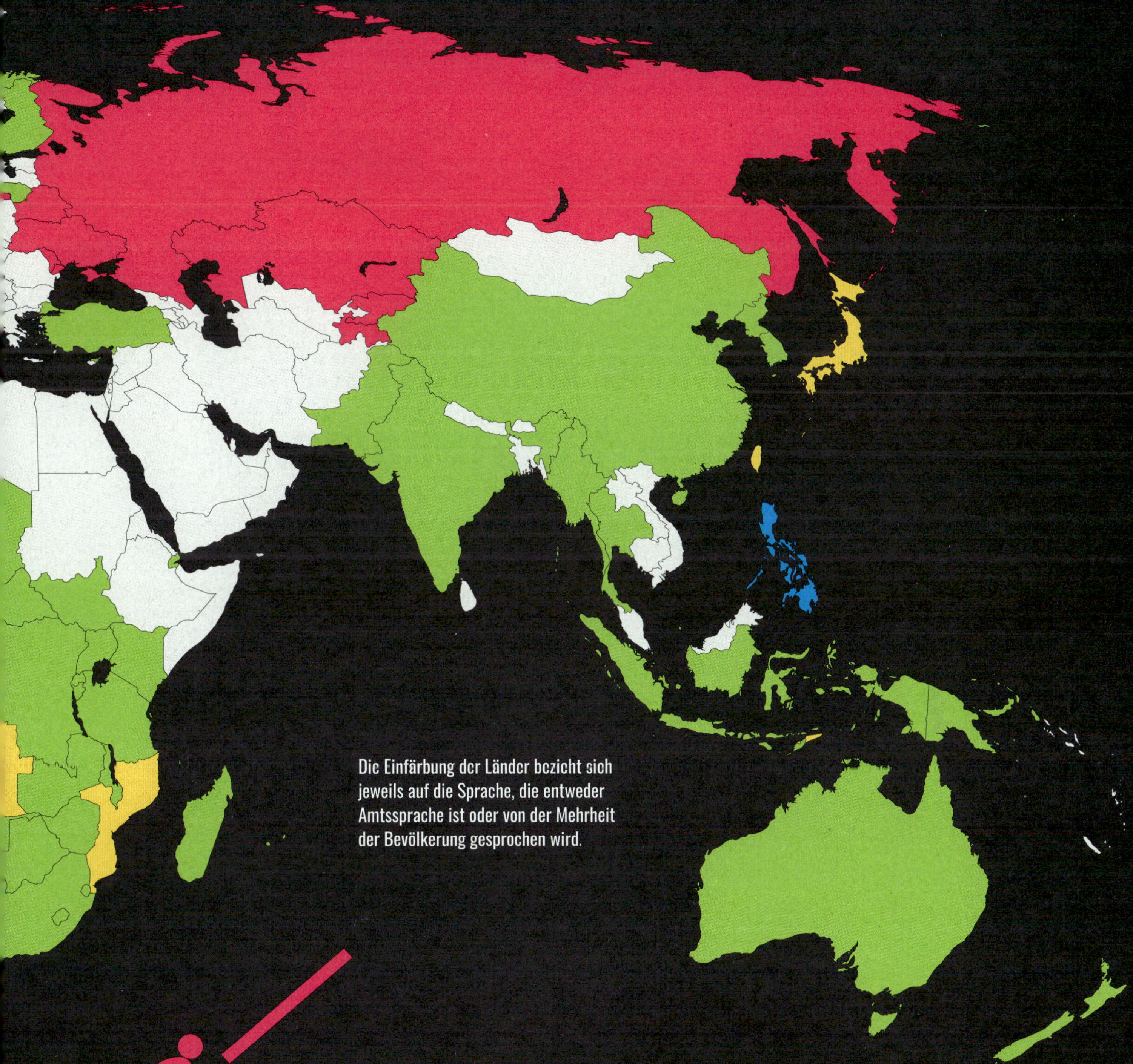

Die Einfärbung der Länder bezieht sich jeweils auf die Sprache, die entweder Amtssprache ist oder von der Mehrheit der Bevölkerung gesprochen wird.

Ich beende, aber vorher werf ich einen Balken (= Sex haben)

Ursprüngliche Bedeutung europäischer Städtenamen

Was haben London und Berlin gemeinsam, außer dass beide Hauptstädte sind, ein paar Füchse und einen Haufen Touristenbusse haben? Richtig, ihre Namen haben was mit „Sumpf" zu tun. Londons ursprünglicher Name *Londinium* lässt sich am einfachsten mit „Ort am Sumpf" übersetzen. Das Gleiche gilt für Berlin. Der Name kommt aus dem Slawischen. *Ber* bedeutet „Sumpf". Das angehängte *in* ist eine Wohnstättenbezeichnung. Bei Brüssel und Paris sieht es ähnlich sumpfig aus.

- Name einigermaßen eindeutig
- Es existieren verschiedene Übersetzungen
- Namensbedeutung bleibt Vermutung

Götterebene
Stockinsel
Dänische Stadt
Dänenburg
Schwarzer Fluss
Die Morastige
warzer Tümpel
dt an der Hürdenfurt
Biegungen
Kaufmannshafen
Wellen
Dorf am breiten Fluss
Ort am Sumpf
Hügelfeste
Damm an
der Amstel
Die Stadt am Sumpf
benannt nach dem Fluss Menka
Ort, wo getauscht wird
Wohnort im Sumpf
Schwelle
Brennen
Kleine Burg
Sumpfebene der Parisier
Stadt der Bootsleute
Waldbach
Überstegen
Quellen
Neue Wasserquelle
Wassergraben
Süßtal
Wasserofen
Kluft
Sumpfwiesen
Die Liebliche
Die Geliebte
Hinter dem Damm
Wasser schöpfen
Hinterufern
Die Fröhliche
Du bist glücklich
Buschland
Einzelnes Haus
Weiße Stadt
Heiliger des Meeres
Sankt Marinus
Hier ist der Palast
Weisheit
Unterbergen
Fuß des Hügels
Strömen
Felsenstadt
Hügeln

Die beliebtesten Sexstellungen in Deutschland

Angaben in Prozent, 2017

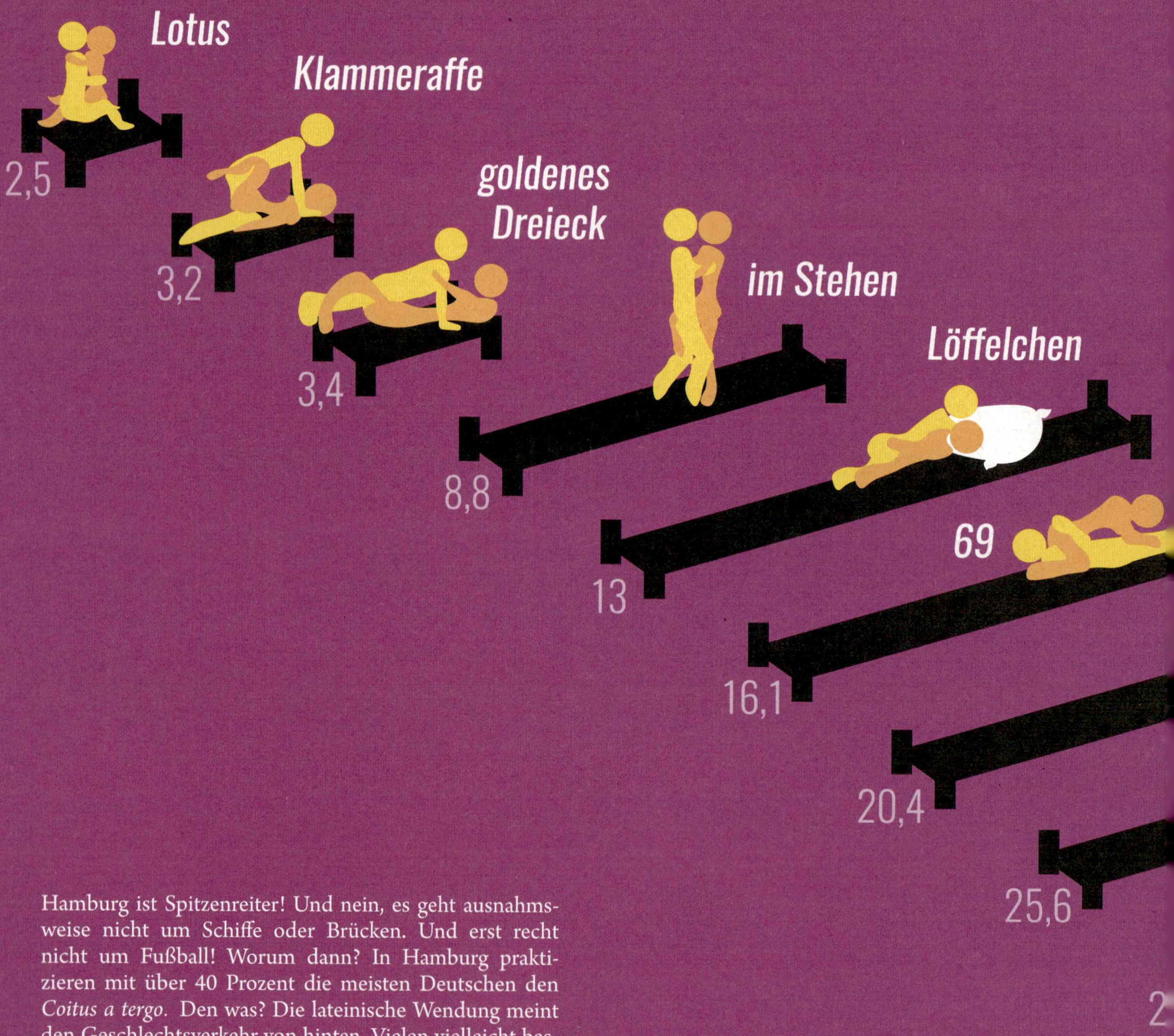

Hamburg ist Spitzenreiter! Und nein, es geht ausnahmsweise nicht um Schiffe oder Brücken. Und erst recht nicht um Fußball! Worum dann? In Hamburg praktizieren mit über 40 Prozent die meisten Deutschen den *Coitus a tergo*. Den was? Die lateinische Wendung meint den Geschlechtsverkehr von hinten. Vielen vielleicht besser bekannt als Doggystyle oder Hündchenstellung.

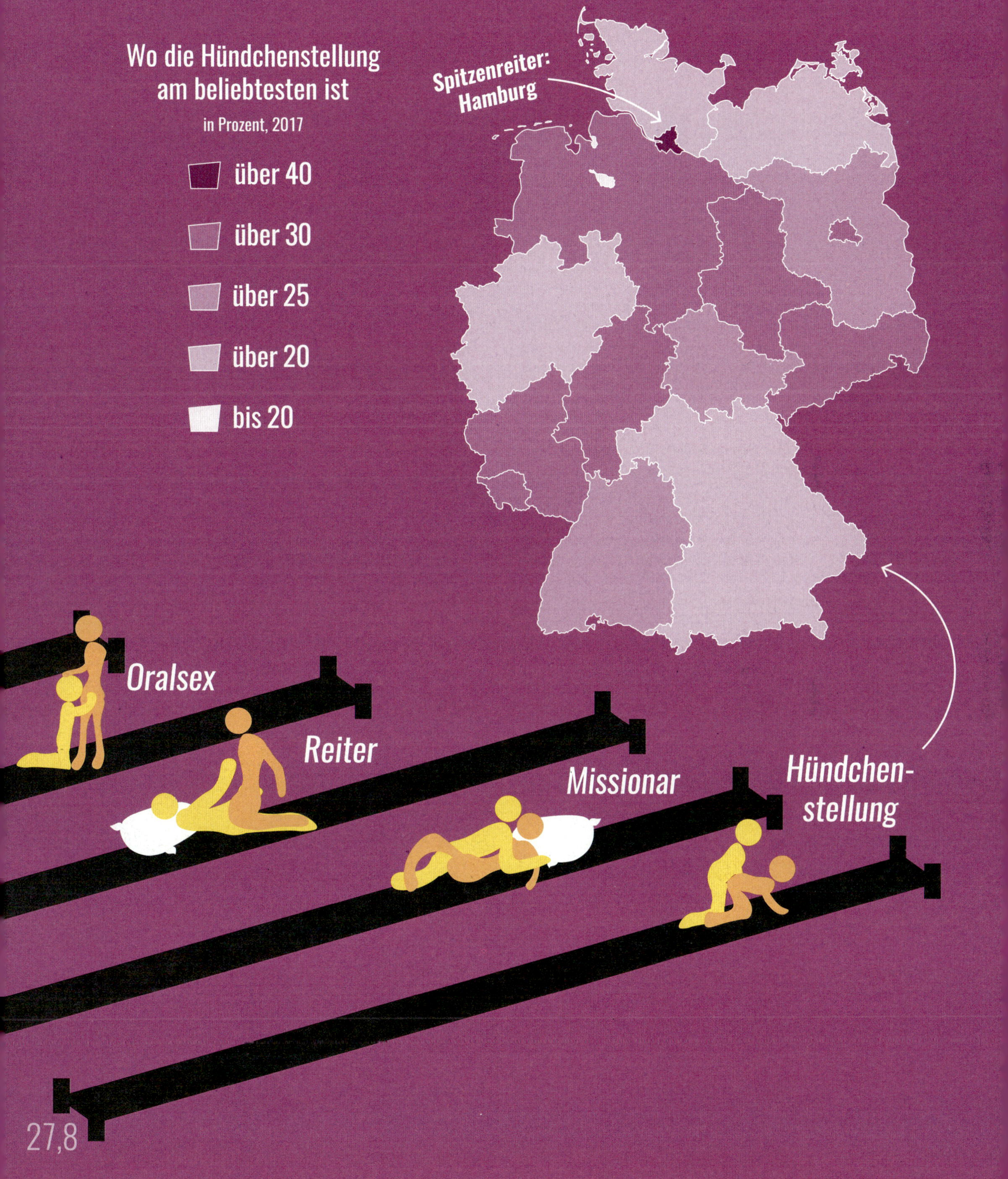
Wo die Hündchenstellung am beliebtesten ist
in Prozent, 2017
über 40
über 30
über 25
über 20
bis 20
Spitzenreiter: Hamburg
Oralsex
Reiter
Missionar
Hündchenstellung
27,8

Arktische Großmacht

Russland besitzt 53 Prozent der gesamten arktischen Küstenlinie – und gerade im und um das Nordpolarmeer hat das Land seine Militärpräsenz massiv ausgebaut, etwa indem es Dutzende von arktischen Militärbasen aus der Sowjetzeit wieder in Betrieb genommen und die Marine modernisiert hat. Doch der Arktische Ozean ist nicht nur für Russland von wachsender geopolitischer Bedeutung. Denn aufgrund der Klimaerwärmung sind immer größere Teile des Meeres für immer längere Phasen eisfrei und damit befahrbar. Dadurch werden unter anderem auch Ressourcen wie Gas und Öl zugänglich.

Anfang April 2023 sind sechs von acht arktischen Ländern Mitglied der Nato. Sollte Schweden auch noch in das Militärbündnis aufgenommen werden, wären es sogar sieben. Damit stünde Russland in der Arktis seinem Erzfeind alleine gegenüber. Das allerdings ziemlich hochgerüstet. Die Zahl russischer Militärstützpunkte nördlich des Polarkreises soll die der Nato um ein Drittel übersteigen. Auch was die Größe der Eisbrecherflotte angeht, liegt Russland unangefochten vor den anderen Anrainerstaaten.

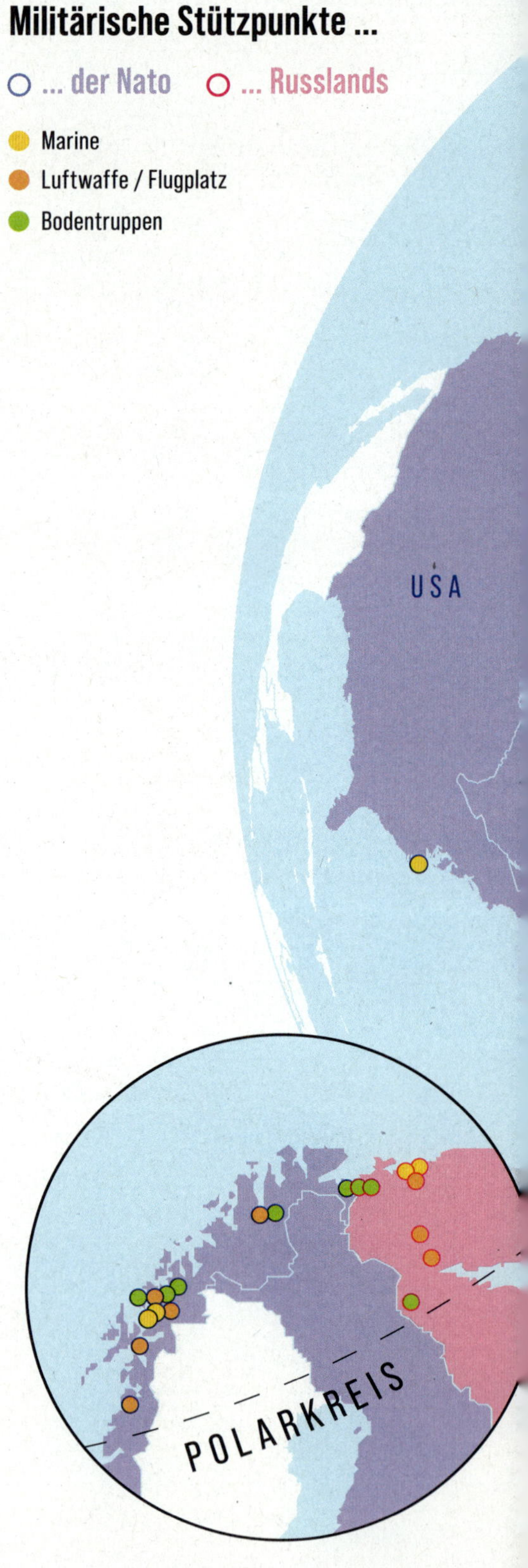

PAZIFISCHER
OZEAN
POLARKREIS
KANADA
NORDPOL
RUSSLAND
GRÖNLAND
NORDATLANTISCHER
OZEAN

Wenn der Baikalsee in Deutschland läge

Supersee

Nur zwei Seen auf der Welt sind mehr als einen Kilometer tief, und zwar der Baikalsee in Sibirien und der Tanganjikasee in Ostafrika. Dank seiner Tiefe passt auch sehr viel Wasser hinein: Im Baikalsee befindet sich mehr Wasser als in der gesamten Ostsee. Mit einem Volumen von 23.600 Kubikkilometern ist er der größte Süßwassersee der Welt. Etwa ein Fünftel des gesamten flüssigen Süßwassers weltweit befindet sich dort. Ein weiteres Fünftel enthalten die fünf Großen Seen in den USA und Kanada.

Der Baikalsee ist nicht nur der tiefste, sondern auch der älteste See der Erde. Er entstand Schätzungen zufolge bereits vor 25 Millionen Jahren. Um den See in Sibirien entwickelten sich einzigartige Tiere und Pflanzen, zum Beispiel die Baikalrobbe, die als einzige Robbenart ausschließlich im Süßwasser lebt. Wegen der besonderen Artenvielfalt ernannte die Unesco den Baikalsee 1996 zum Weltnaturerbe.

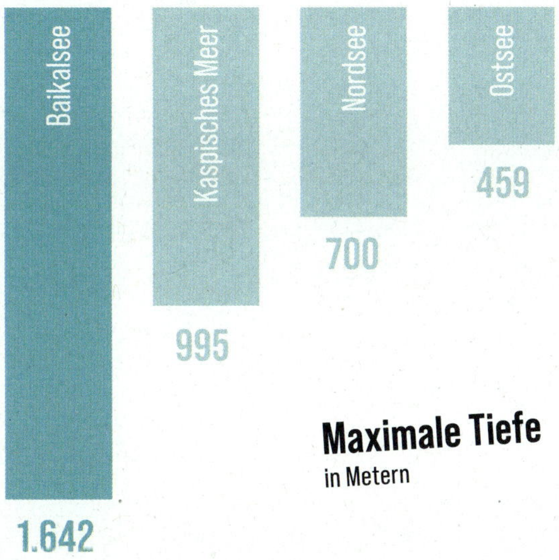

SEEN

PROJEKT 2025 – DIE JAHRESVORSCHAU

»Stürzt Trump die Welt ins Chaos?« fragte Sandra Maischberger ihre Talkshowgäste – am 16. Mai 2018. Mehr als fünfeinhalb Jahre später lässt sich konstatieren: »Tja, na ja, also, ähm, puh, eigentlich nicht.« Auch für 2025ff kann TITANIC im Großen und Ganzen Entwarnung geben, wie unser Schaubild auf einen Blick verdeutlicht.

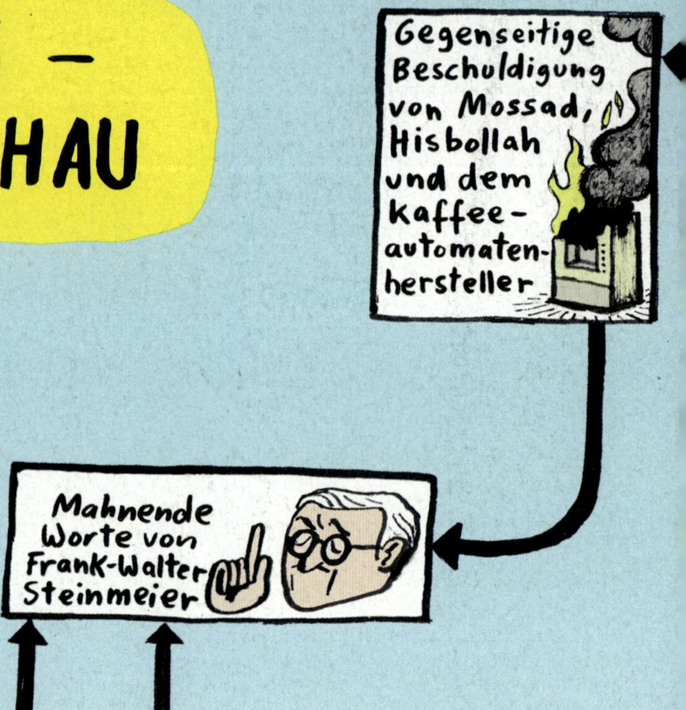